# 航运基础知识问与答

宋宝儒　主编

上海浦江教育出版社

**图书在版编目（CIP）数据**

航运基础知识问与答 / 宋宝儒主编. -- 上海：上海浦江教育出版社有限公司, 2025.6. -- ISBN 978-7-81121-967-8

Ⅰ.U6-44

中国国家版本馆 CIP 数据核字第 2025G0R954 号

HANGYUN JICHU ZHISHI WEN YU DA

航运基础知识问与答

上海浦江教育出版社出版发行

社址：上海市海港大道 1550 号上海海事大学校内　邮政编码：201306
电话：（021）38284910（12）（发行）　38284923（总编室）　38284910（传真）
E-mail：cbs@shmtu.edu.cn　URL：http://www.pujiangpress.com
上海商务联西印刷有限公司印装
幅面尺寸：150 mm×227 mm　印张：15.5　字数：179 千字
2025 年 6 月第 1 版　2025 年 12 月第 2 次印刷
图文设计：上海碧悦　澜坤教育
责任编辑：刘紫嫣　封面设计：王岩松　蒋旻昱
定价：65.00 元

# 编 委 会

## 主 任
宋宝儒　初北平

## 副主任
曹荣瑞　贺　莉

## 编 委
殷　明　余宏荣　张　峰　李希平　石　娟　王德岭　张永锋

## 统稿组
杨权斌　宋光明　寿建敏

## 编写人员（以姓氏笔画为序）

于　尧　万　征　王　杰　王忠宇　王岩松　王鹏飞　戈佳威
尹传忠　付　蔷　白响恩　朱　墨　朱玉华　刘　涛　刘　鼎
闫彩琴　安　骥　许　欢　孙　明　孙　洋　孙　领　孙思琪
苏月秋　李　琳　李　静　李文娟　李倩雯　李慧兵　杨金花
吴　磊　何　航　佟炜垚　汪　磊　张　扬　张　欣　张　旖
张华歆　张盼龙　张素庸　陈　扬　陈　莉　陈万里　范存龙
林武光　郁斛兰　罗　杰　罗　捷　罗莉华　金嘉晨　周　勇
郑　剑　郑　睿　郑学彬　郑玲钰　赵　睿　赵建森　姜丽媛
姚　旭　袁　群　耿　韩　钱　佳　钱红波　钱晨佳　徐　最
栾　扬　高　洁　高云峰　高欣佳　高鸿丽　郭胜童　陶学宗
黄道正　曹　丹　章　强　章长江　彭　宇　蒋旻昱　蒋晓丹
谢　茜　谢文卿　魏立队

# 前言

当今世界,全球贸易的繁荣与人类文明的进步,离不开古老而充满生机和活力的航运业。习近平总书记指出"经济强国必定是海洋强国、航运强国""航运业是国际贸易发展的重要保障,也是世界各国人民友好往来的重要纽带"。早在秦汉时期我国就开辟了海上丝绸之路,1405年至1433年郑和七下西洋,更是显示了中国强大的航海实力。明清时期,由于实行海禁政策,闭关锁国,中国航海逐渐衰落,淡出海上贸易。历史充分证明向海而兴、背海而衰。改革开放以来,中国以航运为纽带连通各国,融入世界大市场。

随着全球化的发展,航运在促进国际贸易过程中的作用越来越显著,承担了全球超过80%的国际贸易货物的海上运输。中国连续多年稳居世界航运货物贸易第一大国。然而,面临百年未有之大变局,航运业正受到关税贸易战、全球气候变化、地缘政治和新技术迭代等挑战。国际海事组织的减排目标、人工智能在航运业中的应用、区块链技术对物流透明度的提升，以及绿色燃料的研发推广应用，无一不标志着航运业正进入转型升级的关键时刻。

为引导广大读者朋友学习航运知识、增强海洋意识、胸怀蓝色梦想、投身航运事业，为现代航运事业高质量发展作出贡献，上海海事大学组织编写了《航运基础知识问与答》。该书以科普通俗与专业浅出相结合的问答式语言风格，阐释航运文化知识，介绍航运历史现状，展望航运未来发展，围绕船舶、港口、货物、船员、航运组织与营运、航运市场与价格、航运服务与法规、航运安全与监管、航运数智化与绿色化、航运历史文化等问题进行深入浅出的回答。我们深知，航运知识的海洋浩瀚无垠，书中内容难免存在疏漏，恳请读者朋友不吝指正。

宋宝儒

2025 年 5 月

# 目录

## 第一章 船舶

01 船舶有哪些种类? ..................3
02 船舶的长、宽和吃水能达到多少米? ..................3
03 什么是船舶吨位? ..................4
04 海上距离单位为什么用海里而不用公里? ..................5
05 船舶航行速度为什么用"节"而不用"公里/时"? ..................5
06 货船有哪些特点? ..................6
07 集装箱船和散货船有什么区别? ..................6
08 客船有什么特殊要求? ..................7
09 大型豪华旅游船为什么叫"邮轮"? ..................9
10 现代邮轮与普通货船在动力推进方面有哪些区别? ..................9
11 船舶寿命通常是多少年? ..................10
12 什么是船舶冲滩? ..................11
13 "巴拿马型""好望角型"是什么船型? ..................11

14 什么是船舶主机和船舶辅机? ……………………………12
15 船上的"克令吊"是什么? ………………………………12
16 船舶远洋航行主要考虑哪些因素? ………………………13
17 船舶造型与船舶航行阻力之间有什么关系? ……………14
18 为什么有些船舶驾驶台设置在船首,有些设置在船尾? ………14
19 船锚主要有哪些作用与种类? ……………………………15
20 如何获取航行中的船舶位置、航向和航速信息? ………16
21 在南北极和中低纬度地区航行的船舶各有哪些特点和要求? …17
22 什么是船舶压载水? 其作用是什么? ……………………17
23 如何观察和测算船舶吃水? ………………………………18
24 船舶跨时区航行为什么要拨钟? 如何操作? ……………19
25 船上生活物资如何补给? …………………………………19
26 造船工业皇冠上的"三颗明珠"是指什么? ……………20

## 第二章　港口

01 什么是港口? 主要类型有哪些? …………………………23
02 港口在经济社会中的作用主要有哪些? …………………24
03 我国主要的港口有哪些? …………………………………25
04 其他国家和地区的主要港口有哪些? ……………………26
05 港口的设施主要有哪些? …………………………………31
06 码头平面布置方式有哪些? ………………………………32
07 造船需要哪些码头设施条件? ……………………………33
08 港口水域组成要素有哪些? ………………………………34
09 什么是挂靠港? ……………………………………………35
10 什么是组合港? ……………………………………………35

11 什么是喂给港？ .................................................. 36
12 什么是邮轮母港？与普通港口有什么区别？ ............ 37
13 什么是邮轮访问港？有哪些特点？ ......................... 38
14 船舶如何进港靠泊？ ........................................... 39
15 什么是港口指泊？ ............................................... 40
16 港口生产业务统计指标主要有哪些？ ..................... 41
17 什么是港口货物吞吐量？ .................................... 43
18 港口机械主要有哪些？其功能是什么？ ................. 44
19 什么是自动化码头？有哪些特点？ ........................ 45
20 港口和城市是如何相互影响的？ ........................... 46
21 什么是港口集疏运？ ........................................... 47
22 什么是港口腹地？港口与腹地间的连接方式有哪些？ ... 48

## 第三章　货物

01 水运货物有哪些种类？ ........................................ 51
02 水路运输散装液体及固体货物有哪些？ ................. 51
03 集装箱是什么？集装箱有哪些类型和特点？ ........... 52
04 集装箱运输中的 TEU 和 FEU 的含义是什么？ ....... 52
05 集装箱的标记有哪些类型？ .................................. 53
06 整箱货和拼箱货的区别是什么？ ........................... 54
07 哪些货物适合集装箱运输？ .................................. 54
08 散装液体货物如何装船和卸船？ ........................... 55
09 不同货物可以在船上混装吗？ ............................... 56
10 什么是海运危险货物？ ........................................ 57
11 海上货物运输包装有什么专门要求？ ..................... 58

12 水运货物标志的作用是什么？有哪些种类？ ............ 59
13 造成水运货损货差的原因有哪些？ ............ 59
14 水运货物的自然损耗是什么？ ............ 60
15 货物水运吸湿及其影响有哪些？ ............ 61
16 船舶货舱通风的目的有哪些？ ............ 62
17 汽车运输船的特征及装卸特点有哪些？如何保障运输安全？ ... 63

# 第四章 船员

01 船员和海员的区别有哪些？ ............ 67
02 什么是持证船员？什么是活跃船员？ ............ 67
03 船员的种类有哪些？ ............ 68
04 "老轨"和"老电"在船上是什么职务？ ............ 68
05 "木匠"和"铜匠"在船上是什么职务？ ............ 69
06 远洋船舶有哪些部门？如何分工？ ............ 69
07 船舶引航员为什么被称为"水上国门第一人"？ ............ 70
08 海员的晋升途径和发展规划通常是怎样的？ ............ 71
09 海员需要具备哪些资格证书和培训证书？ ............ 72
10 海员船上工作时间是如何安排的？ ............ 73
11 海员上下船换班有哪些要求和规定？ ............ 74
12 海员在船上与外界通信联系方式都有哪些？ ............ 75
13 船舶停靠港口期间船员下船应办理哪些手续？ ............ 76
14 海员在船上突发疾病怎么办？ ............ 77
15 邮轮驾驶员与货船驾驶员有哪些区别？ ............ 78
16 海员的权利和义务主要有哪些？ ............ 79

## 第五章 航运组织与营运

01 国际运输船舶的营运方式主要有哪些? ..... 83
02 租船运输方式有哪些? ..... 83
03 全球主要的班轮运输航线有哪些? ..... 84
04 班轮航线结构及形态有哪些类型? ..... 85
05 全球主要的班轮公司有哪些? ..... 86
06 什么是航运联盟?对航运市场有什么影响? ..... 87
07 班轮航线上配备船舶数量要考虑哪些因素? ..... 88
08 班轮运输经常使用的航运单证主要有哪些? ..... 89
09 船舶所有权与船舶经营管理的关系是什么? ..... 91
10 什么是班轮船期表?编制的基本要求是什么? ..... 92
11 集装箱运输管理中"箱位比"是什么? ..... 93
12 租船业务中"一旦滞期,永远滞期"是什么意思? ..... 93
13 航运企业降低船舶运营成本的方式通常有哪些? ..... 94
14 什么是船舶更新与船队规划? ..... 95
15 哪些因素影响航运企业做出提前拆船决策? ..... 96
16 邮轮船票特殊性体现在哪里?主要作用有哪些? ..... 97
17 什么是邮轮无目的地航线或公海游航线? ..... 99
18 航运组织运营中哪些活动需要进行风险管理? ..... 100
19 航运产业链主要由哪些主体构成? ..... 101
20 航运在全球化中发挥的作用主要有哪些? ..... 102

## 第六章 航运市场与价格

01 国际航运市场是如何构成的? ..... 107

02 全球交易航运产品的交易所有哪些? ..................107
03 什么是航运运价金融衍生品? ..........................109
04 全球航运运价指数主要有哪些? ........................109
05 航运需求和供给的主要特点有哪些? ....................111
06 影响航运需求和供给的主要因素是什么? ................113
07 国际干散货运输市场和国际集装箱班轮运输市场的
典型特征有哪些? ....................................115
08 航运企业的成本主要有哪些? ..........................115
09 影响航运成本的因素主要有哪些? ......................117
10 航运定价方法主要有哪些? ............................118
11 什么是均衡运价? ....................................119
12 班轮运费通常由哪些构成? ............................120
13 影响航运市场运价波动的因素有哪些? ..................120
14 为什么说集装箱班轮运输业是资本密集型产业? ..........121
15 什么是航次估算?主要内容是什么? ....................122
16 航运市场预测具有哪些特性?通常要遵循哪些原则? ......123
17 远期运费协议是什么?如何利用其进行套期保值? ........124

# 第七章 航运服务与法规

01 主要的国际航运中心城市有哪些?各有哪些特点? ........127
02 航运领域常见的国际组织有哪些?主要功能是什么? ......128
03 我国航运领域国家级行业协会有哪些?主要功能是什么? ..130
04 什么是高端航运服务业?主要有哪些业态? ..............132
05 什么是航运保险?主要有哪些类型? ....................132
06 什么是船舶融资租赁?主要有哪些类型? ................133

07 什么是船级社？全球主要的船级社有哪些？ ............134
08 什么是航运经纪人？船舶经纪人的主要分类有哪些？ ............136
09 什么是船舶管理？全球主要船舶管理公司有哪些？ ............137
10 全球主要航运信息与咨询机构有哪些？ ............137
11 全球重要的航运会展活动有哪些？ ............138
12 航运法律体系的主要构成部分有哪些？ ............140
13 航运公法领域的主要法律制度有哪些？ ............141
14 航运私法领域的主要法律制度有哪些？ ............143
15 航运法律领域的国际组织制定了哪些重要的国际条约？ ............145
16 我国航运领域的国内法主要有哪些？ ............147
17 海上货物或旅客运输通常需要哪些法律服务？ ............148
18 我国《海商法》的立法宗旨和调整对象是什么？ ............149
19 相对于一般民商事法律，海商法的特殊性是什么？ ............151
20 承运人的基本义务有哪些？ ............152
21 提单的功能有哪些？ ............153
22 航运领域解决纠纷的办法有哪些？ ............153
23 海事法院是我国独有的吗？我国有哪些海事法院？ ............154
24 什么是海事仲裁？与海事诉讼有什么不同？ ............155
25 什么是海事临时仲裁？与机构仲裁有何区别？ ............157

## 第八章　航运安全与监管

01 国际航运关键要道有哪些？ ............161
02 船舶航线设计考虑的因素有哪些？ ............162
03 船舶航行过程中的风险有哪些？ ............164
04 如何保障海上航行安全？ ............166

05 船舶交会中的"会红灯"和"会绿灯"是什么意思? ……………166
06 航标为什么被称为船舶的"指路明灯"? ………………………167
07 航标的分类和功能有哪些? ………………………………………168
08 锚地在船舶安全方面发挥什么作用? ……………………………170
09 拖船在航行安全上的作用是什么? ………………………………171
10 船舶靠什么保证足够的浮力和稳性? ……………………………172
11 什么是"船吸效应"? ………………………………………………173
12 什么是船舶呼号和水上移动业务标识? …………………………174
13 什么是船舶自动识别系统? ………………………………………175
14 船舶发生火灾时应如何应对? ……………………………………175
15 船舶发生搁浅时应如何应对? ……………………………………176
16 船舶发生碰撞时应如何应对? ……………………………………177
17 船舶发生油污染时应如何处理? …………………………………178
18 船舶遭遇海盗时应如何应对? ……………………………………179
19 什么是海难救助? 关键点是什么? ………………………………180
20 打捞局和救助局的职能是什么? …………………………………181

## 第九章 航运数智化与绿色化

01 航运业发展趋势表现在哪几个方面? ……………………………185
02 什么是区块链技术? ………………………………………………186
03 什么是绿色船舶? …………………………………………………186
04 提升船舶能效的方式有哪些? ……………………………………188
05 新兴的低碳或零碳船用燃料主要有哪些? 各有什么特点? ……189
06 国际海事组织主要采取了哪些阶段性措施来实现
　　船舶温室气体减排战略目标? ……………………………………190
07 什么是智能船舶? …………………………………………………192

08 智能船舶包含哪些功能模块和关键技术? ……………… 192
09 船舶智能化水平分为哪几个等级?各有什么特点? …… 193
10 智能船舶的出现会对船员产生哪些影响? ……………… 194
11 影响智能船舶自主避障的关键因素有哪些? …………… 194
12 减少港口污染排放的主要举措有哪些? ………………… 195
13 建设绿色低碳港口的主要途径有哪些? ………………… 196

## 第十章 航运文化与综合

01 古代主要的航海地图有哪些? …………………………… 201
02 更路簿如何记录南海航线? ……………………………… 203
03 中外分别出土的最早独木舟是什么? …………………… 204
04 中外古代著名的航海家有哪些? ………………………… 205
05 什么是海上丝绸之路? …………………………………… 210
06 中外有关航运的禁忌习俗有哪些? ……………………… 211
07 妈祖信仰与航海活动之间的关系是什么? ……………… 215
08 我国入选联合国人类非物质文化遗产的航运文化项目有哪些? … 216
09 为什么将船称为"她""She""Her"? ……………………… 217
10 新船下水仪式中的"教母"传统是如何形成的? ………… 218
11 船舶挂满旗是什么含义? ………………………………… 219
12 船舶为什么要悬挂信号旗? ……………………………… 219
13 船舶上的旗语有哪些含义? ……………………………… 220
14 为什么说船舶是"流动的国土"? ………………………… 221
15 中外主要的航运文化节日有哪些? ……………………… 222
16 中外航运类博物馆有哪些? ……………………………… 223

后记 ……………………………………………………………… 229

# 第一章　船舶

　　船舶作为航运业的核心组成部分,承载着货物和旅客运输的重要使命,其历史可追溯至史前刳木为舟的时代。随着技术的进步,船舶逐渐由独木舟、木板船发展为钢制铁船,其推进方式也由人力、风力转变为机器驱动。现代船舶设计精良、结构复杂、种类繁多,在推动全球贸易和经济发展中发挥着不可替代的作用。随着科技的不断进步,船舶的设计、建造和运营也将不断创新和发展。

　　本章从船舶相关的各个方面进行知识问与答,旨在帮助读者深入了解船舶的基础知识,对船舶有更全面的认识,进而提升对船舶和航运领域的理解和兴趣。

"中远海运双鱼座"轮
中国远洋海运集团有限公司　供图

# 第一章　船舶

## 01 船舶有哪些种类？

船舶是一种能在水域（包括海洋、河流、湖泊等）航行，用于运输、捕鱼、作业、作战等多种目的的水上载运工具。船舶有多种分类方法，按用途可分为民用船舶和军舰两大类。民用船舶按用途可分为运输船、工程船、工作船、渔船及其他特殊用途船等，其中运输船（又称"商船"）可分为货船和客船。货船主要包括集装箱船、散货船、杂货船、油船、液化气船、化学品船、滚装船、木材船、冷藏船、多用途船、特殊用途船等。客船是指载客超过 12 人的船舶，按载客性质的不同，客船主要包括全客船、客货船、货客船和客滚船。

## 02 船舶的长、宽和吃水能达到多少米？

船舶的主尺度包括船长、船宽、吃水等。最大船长是指从船舶最前端至最后端之间包括外板和两端永久性固定突出物（如顶推装置等）在内的水平距离。最大船宽是指包括船舶外板和永久性固定突出物在内并垂直于纵中线面的最大横向水平距离。吃水是指船舶在水中漂浮时，水面与船底基线之间的垂直距离；设计吃水通常是根据航道及港口泊位的水深所确定的船舶满载时的吃水深度。历史上最大的船诺克·耐维斯号是一艘超大型原油运输船，船长 458.45 米，船宽 68.86 米，满载排水量达到 82 万吨时的吃水超过 24 米。

## 03 什么是船舶吨位？

**船舶吨位**是表示船舶大小和运输能力的标识，分为容积吨位和重量吨位两大类。

**容积吨位**包括总吨位和净吨位。总吨位是根据《国际船舶吨位丈量公约》所规定的船上所有围蔽处所（包括货舱、机舱、船员舱、甲板室等）的修正总容积，以 2.83 立方米为 1 吨计算所得的吨位；总吨位表示船舶大小，是国家法定统计指标、净吨位计算及海事赔偿计费的基础。净吨位是从总吨位减去不能运载客货的船员住舱、驾驶室、仪器室、海图室、锚链间、物料间、舵机舱、机舱、炉舱后，以 2.83 立方米为 1 吨计算所得的吨位；净吨位表示船舶实际营运吨位，是船舶缴纳税收及各项费用的依据。

**重量吨位**包括排水量和载重吨。排水量指船舶在水中漂浮时水线以下部分所排开相同体积的水的重量。排水量有多种，如空船排水量（船舶自身重量对应的排水量）、满载排水量（船舶满载货物时的排水量）等。载重吨分为总载重吨和净载重吨。总载重吨是指船舶在任一吃水时船上所有载荷的总重量，等于该吃水下的船舶排水量与空船排水量的差值。当船舶到达满载排水量时所对应的总载重吨被称为最大总载重吨。最大总载重吨是船舶满载排水量与空船排水量之差，表示船舶运输能力。净载重吨是指船舶在具体航次中所能装载的最大货物重量，等于船舶具体航次允许的最大总载重吨减去燃料、润料、淡水、压载水、船员及行李、食品与补给等后的重量，表示船舶载货能力。

## 04 海上距离单位为什么用海里而不用公里？

在描述海上距离时，通常使用的单位是海里（浬，nautical mile，n mile），而不是日常生活中使用的公里，这是由于陆地上参照物非常多，测量距离十分容易，而船舶在茫茫大海上航行时，难以找到合适的参照物。16 世纪，航海技术的发展证明地球是"圆"的，之后出现经纬度的概念。海里就是指地球子午线上纬度 1 分（1 度等于 60 分）所对应的弧长，1929 年国际水文地理学会议将 1 海里定义为 1852 米。

在海上航行时，船舶沿着地球表面的弧线路径行驶，基于地球弧长的海里单位表述能够更好地适应海上航行的特点。在长期的航海实践中，海里被广泛使用并逐渐成为航海界的通用单位，航海人员、船舶设计、海图绘制等都以海里为基础，形成了一套完整的航海体系。国际海事组织等权威机构将海里作为海上航行的标准距离单位，各国的航海法规也普遍采用海里。

## 05 船舶航行速度为什么用"节"而不用"公里/时"？

节（knot，kn）作为船速的单位，起源于 15 世纪的大航海时代。当时，航海者缺乏准确的测速工具，因此发明了"抛绳计节"的方法来确定船速。水手在绳子上每隔固定距离打结，如此绳子便被均匀地分成了若干节；将绳子从船尾放下，通过计算单位时间内绳子被放出的节数，即为船速的节数。这种方法逐渐被广泛接受，并最终将"1 节"定义为每小时 1 海里的速度。

## 06 货船有哪些特点？

货船注重载重能力和装卸效率，兼顾经济性与续航力，主要货船的特点如下：

**集装箱船**用于标准化集装箱运输，装卸效率高，最大可载超过24000标准箱；适用于运输电子产品、服装、日用品等包装货物，某些散装货物也逐步采用集装箱运输。

**散货船**用于无包装散货的运输，船上各单独货舱的载容量都很大，适用于运输粮食、矿石、煤炭、散装水泥等大宗散货，最大矿石船载货量可达40万吨。

**油船**用于原油、成品油等液态货物的运输，配备专用泵和管道系统，原油油船载重量大，如超大型油船（Very Large Crude Carrier, VLCC）和巨型油船（Ultra Large Crude Carrier, ULCC）载重可达30万吨以上。

**液化气船**用于液化天然气（Liquefied Natural Gas, LNG）、液化石油气（Liquefied Petroleum Gas, LPG）等的运输。LNG船主要采用薄膜型或球罐型设计，运输LNG时舱内温度低达-162℃，载液量可达26.6万立方米（约12万吨）。全压式LPG船舱内通常是常温高压，也有半冷半压式和全冷式LPG船。

## 07 集装箱船和散货船有什么区别？

集装箱船和散货船是两种主要的货运船舶，它们在用途、设

计、货物装载方式和经济性上有显著区别:

**用途差异**　集装箱船专门运输集装箱（如 20 英尺或 40 英尺集装箱），适合运输包装成箱的货物，货物种类广泛（如电子产品、服装、日用品等）；而散货船用于运输未包装的散装货物，如粮食、矿石、煤炭、散装水泥等大宗干散货。

**设计差异**　集装箱船的甲板和货舱设计有固定集装箱的格栅（蜂窝式结构），防止集装箱移动，并配有标准化的系固设备。集装箱船的船体下部瘦长，航速较快（通常为 20~25 节），以满足班轮的船期要求。散货船货舱多设计成大型敞开式结构，便于抓斗或传送带装卸；散货船船体较宽，航速较慢（通常低于 20 节）。

**货物装载方式差异**　集装箱船依赖港口桥吊或自带吊机，标准化装卸效率高；而散货船使用抓斗、传送带或气吸设备，装卸速度较慢，且易受天气影响。

**经济性差异**　集装箱船适合运输高附加值货物，运费按箱计算，航线固定（班轮运输，类似于公交车）；而散货船适合运输低价值大宗商品，运费按吨计算，航线灵活（租船市场主导，类似于出租车）。

## 08　客船有什么特殊要求？

《国际海上人命安全公约》（International Convention for the Safety of Life at Sea, SOLAS）规定，凡载客超过 12 人的船舶（无论是否同时载货）均为客船。客船结构注重载客功能与航行安全，采用分层式设计。主船体为流线型钢制结构，建有较多的水

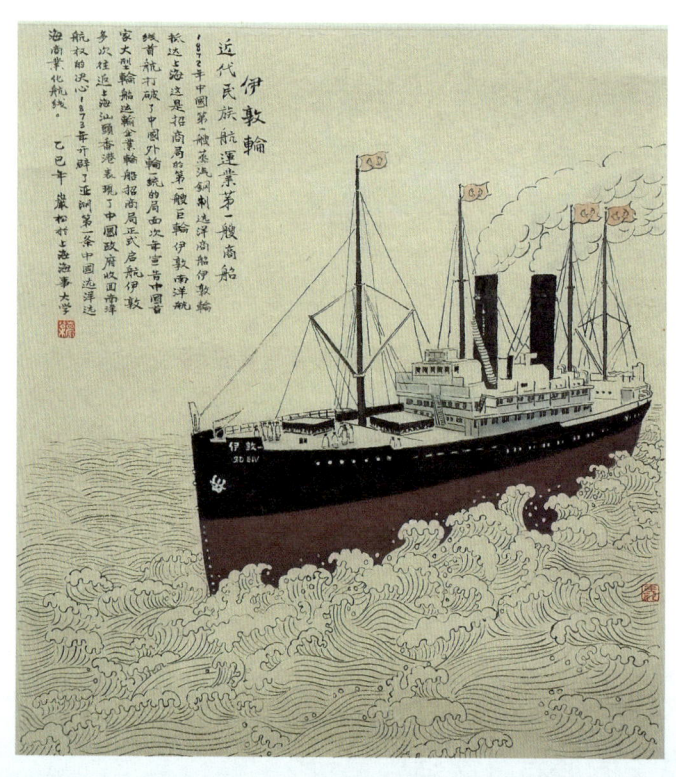

作者：王岩松
作品：《伊敦轮》（纸本水墨）
尺寸：33厘米×33厘米
时间：2025年

密隔舱以增强抗沉性。上层建筑多层分布，包含客舱、公共区域及娱乐设施。主甲板以上设驾驶台、救生艇和烟囱。客舱布局紧凑，分设不同等级舱室，配备通风、消防系统。船底设置压载水舱，推进系统采用双机双桨以提升船舶操纵性能。船体两侧通常设减摇鳍以降低横摇，有的艏部采用球鼻艏以减少兴波阻力。安全设施包括救生艇、救生筏及应急撤离通道，确保紧急情况时人员能快速疏散。

## 09 大型豪华旅游船为什么叫"邮轮"？

大型豪华旅游船被称为"邮轮"（Cruise Ship），主要有以下历史和文化原因。在没有飞机、电话、网络的年代，邮轮承担着跨洋客运和邮件运输的重要任务，各国邮政部门与远洋客运轮船公司合作，委托它们运送跨洋邮件，因此这些轮船被称为"邮轮"。邮轮不仅用于邮件运输，还提供客运及休闲娱乐服务。

尽管现代邮轮的主要功能已转变为休闲旅游，但"邮轮"这个词仍然被广泛使用，这是因为语言习惯的延续性。在中文中，"邮轮"一词已成为大型豪华旅游船的代名词，而内河或近海航行的小型旅游船则通常被称为"游轮"，但也有拥有大型邮轮的公司将"游轮"一词用于公司名称中。

## 10 现代邮轮与普通货船在动力推进方面有哪些区别？

现代邮轮推进系统通常采用综合电力推进系统，主要由原动机、发电机、变压器、变频器、推进器和控制系统等组成，通过电动机驱动螺旋桨，推进装置可360度旋转，实现更灵活的操纵。相比传统的主机轴系加桨舵推进，综合电力推进系统在综合能耗指标、安全可靠性和简化机舱布置方面优势明显。例如，我国首艘国产大型邮轮"爱达·魔都"号采用吊舱式电力推进系统，配备2台16.8兆瓦、3台9.6兆瓦、总功率62.4兆瓦的主柴油发电机，以及2台16.8兆瓦吊舱推进器。邮轮还会配备多个侧推器。普通货船则采用主机通过长轴系连接螺旋桨的常规推进形式，振动噪声大、操纵性能欠佳。普通货船一般使用定距桨，较少配备侧推器；随着航运业的发展，大型货船也逐步开始配备艏侧推装置。

## 11 船舶寿命通常是多少年？

船舶寿命通常在20到50年之间，实际使用寿命可能因维护和使用的频繁程度而有所不同。普通商船的设计寿命一般为20到25年，实际使用寿命可能高于或低于这个年限。许多国家和船舶登记地没有强制报废规定，只要通过船级社检验并达到适航要求就可以继续运营。

影响船舶寿命的因素主要有：

**维护和修理** 定期及时维护和修理可以延长船舶的使用寿命。许多船东为了减少昂贵的维护费用，选择在10到15年之间转卖船舶。

**使用频率** 航运市场的景气周期也会影响船舶的使用寿命。在航运市场繁荣时，船东愿意支付更多维护费用来延长使用寿命。

**环保政策** 按照国际海事组织的碳强度指标和新的排放限制的要求,高排放船舶环保政策的压力促使一些老旧船舶提前报废。

## 12 什么是船舶冲滩?

船舶冲滩是指船舶在特定条件下,有意识地加大马力冲向岸边浅滩并搁浅的行为。这种行为通常发生在以下两种主要情境中:

**应急措施** 当船舶发生严重损坏,如船壳出现大破洞或大裂缝,海水大量涌进船舱,导致船的稳性和浮力遭到严重破坏,并有倾覆沉没的危险时,驾驶员会操纵船舶迅速驶向附近的浅滩并搁浅,以防止事故进一步扩大。

**拆船作业** 在拆船作业中,冲滩是一种常见的处理方法。具体操作是在大潮时开足马力或借助助航拖船,以最大速度向岸边选择好的浅滩区冲去,将船搁浅在浅滩上进行拆解作业。但因环境污染等问题,国际社会已普遍禁止或淘汰这种拆船方式,转而推广更环保的干船坞拆解技术。

## 13 "巴拿马型""好望角型"是什么船型?

"巴拿马型"(Panamax)和"好望角型"(Capesize)是散货船中常见的分类术语,主要用于描述船舶的尺寸和航行限制。

**巴拿马型船**是一种专门设计的适合通过巴拿马运河船闸的

货船，这些船只的船宽和吃水受到巴拿马运河船闸闸室的严格限制，越来越多的船只在建造时精确地匹配巴拿马运河船闸的限制，以便在适应巴拿马运河航道条件的前提下运送尽量多的货物。

**好望角型船**是指那些因为太大而无法通过巴拿马运河和苏伊士运河的货船，当这些船舶需要穿越大洋时必须绕过好望角或合恩角，在港澳台地区其被称为海岬型船。

## 14 什么是船舶主机和船舶辅机？

**船舶主机**是船舶动力装置，根据采用燃料的性质、燃烧的场所、使用的工质及其工作方式等的不同，可分为蒸汽机、内燃机、核动力机和电动机。

**船舶辅机**是指船舶上除了主机以外的所有机械设备，包括：船舶动力辅助设备，如发电机组、空气压缩机等，其中发电机组为船舶上的各种设备提供电力支持，确保船舶的正常运行；船舶航行设备，如舵机、锚机和绞缆机、压载水系统及污水处理设备；船舶货物装卸设备，如克令吊（船用起重机）、舱口盖设备；船舶生活与安全保障设备，如供水设备、空调与通风系统、消防设备、救生设备。

## 15 船上的"克令吊"是什么？

克令吊专指一种装在船舶甲板上的起重设备，主要功能是实现货物的起吊和装卸。其占据空间少、结构紧凑、操纵灵活、装卸效率高，能够适应多种货物的装卸需求，需要专业的技术人员进行维护和管理。克令吊通常由基座、回转塔架、吊臂、操纵控制室和操纵装置等组成，按吊臂形式分为直臂、伸缩臂和折臂三种类型。克令吊主要有电动式和液压式两种类型，其中液压克令吊是目前船舶上普遍使用的一种装卸设备。

## 16 船舶远洋航行主要考虑哪些因素？

**季节和天气** 季节的选择是远洋航行的重要考虑因素。通常而言，避开恶劣的天气条件和季节性风暴是最佳选择。例如，对于北半球来说，夏季和早秋通常是远洋航行的较好时机，因为此时天气相对稳定，风力也相对较小。

**水文条件** 目标航线上的水文条件包括潮汐、洋流、冰况和气象等。某些航线在特定季节或时间段可能会遭遇较强的洋流或恶劣的海况，需要谨慎规划航行时间。

**航行效率和时间效益** 远洋航行的时间不仅受到船舶速度的影响，还与燃油效率等因素相关。船舶通常会优化航行计划，以寻求最佳的时间效益，即在尽可能短的时间内完成航程，同时最大限度地减少燃油消耗。

**目的地的季节和港口限制** 在选择远洋航行时间时，还要考虑目的地的季节和港口限制。某些港口和目的地在特定季节或时间段可能会有进出和操作上的限制，这会影响船舶的航行计划。

## 17 船舶造型与船舶航行阻力之间有什么关系？

船舶造型是影响航行阻力的关键因素，不同部位的设计通过改变水流、波浪和空气动力特性，直接影响兴波阻力、摩擦阻力、漩涡阻力和空气阻力。

船舶造型并不完全以降低阻力为目标而设计（比如形状不是完全流线型），实际上是在减少阻力（包括兴波阻力、摩擦阻力等）与其他因素之间做出的权衡。最优化的船舶外形设计需要考虑到不同速度和载荷下的燃油消耗效率，因此有时最优的船体造型并不是具有最小化阻力的船体造型。

此外，船舶造型设计还需考虑稳定性、载重与经济效益、船舶用途等因素。如大型船舶特别是大型货船，其设计更侧重于运载能力和规模经济效益，而非简单的减阻。其船体被设计为具有扁平的底部和宽大的侧面，以便在保持极高稳定性的同时，增加载运量。

## 18 为什么有些船舶驾驶台设置在船首，有些设置在船尾？

船舶驾驶台的位置选择主要基于多种因素的综合考量，包括但不限于视野、船舶类型、操作需求等。

**视野需求**　驾驶台设置在船首可以提供更开阔的视野，有助于驾驶员更好地观察前方情况，及时发现并避免潜在的危险，如内河船或某些特定设计的远洋船。

**船舶类型**　不同类型的船舶对驾驶台的位置有不同的要求。军舰通常将驾驶台设置在舰桥顶部前端，以便更好地观察和控制舰船的航行和作战；而民用船舶（如邮轮）的舱室多而高，驾驶区设置在艏部更方便观察。

**操作需求** 驾驶台的位置还需要考虑船舶的操作需求。一些需要频繁进港或通过狭窄航道的船舶，将驾驶台设置在船尾可以更好地观察整个船身的位置情况，便于指挥协调。

**结构强度** 驾驶台的位置还需要考虑船舶的结构强度。一些大型货船将驾驶室设在机舱上部，这样可以节省船舶空间，增大载货容积，同时也有助于提高船舶的总纵强度和局部强度。

**经济性能** 驾驶台的位置还需要考虑经济性。将驾驶室设在船尾可以让船的控制装置更集中，减少管线长度，降低建造成本。

## 19 船锚主要有哪些作用与种类？

船锚是重要的船舶甲板设备之一，可以用于船舶锚泊、船舶靠离码头时的辅助操纵、狭水道航行时的刹减船速、搁浅后辅助脱浅等。船锚工作原理是通过其在海底约是锚重四五倍的抓力加上锚链与海底地面产生的摩擦力来控制船舶。当锚下沉到海底后，在锚索的牵动下，锚爪会逐渐啮入底质，锚被固定在海底，从而锚住整个船舶。船锚的种类有：

**有杆锚** 锚爪和锚干通常为一整体，并有一垂直于锚爪平面的横杆。使用时，一爪啮入土中较深，抓力大，但收藏不便，多用于小型船舶。

**无杆锚** 锚爪和锚干可相对转动一定角度，无横杆。使用时两个锚爪同时啮入土中，起锚和收藏方便，使用最为广泛。

**大抓力锚** 锚爪宽大，可转动一定角度，锚头或锚爪中部有突出的杆体，起稳定作用。因锚爪啮土面积大，抓力大，适用于砂质或土质松软的水底。

**特种锚** 形状与一般锚不同，如菌形锚，锚头呈菌状或伞状，啮入土中较深，抓力大，不易移动，多用作长期锚泊及定位，如作为灯船、浮筒、趸船等的固定锚。

## 20 如何获取航行中的船舶位置、航向和航速信息？

现代航海主要靠全球卫星导航系统、雷达、陀螺罗经、计程仪等船载设备来获取船舶的位置、航向和航速信息，其中全球卫星导航系统主要有美国的全球定位系统（Globle Positioning System，GPS）、中国的北斗卫星导航系统（BeiDou Navigation Satellite System，BDS）、俄罗斯的全球卫星导航系统（Globle Navigation Satellite System，GLONASS）和欧盟的伽利略卫星导航系统（Galileo Satellite Navigation System，GALILEO）。

GPS是目前船上最常用的定位工具，通过接收卫星信号，能精确地获取船的位置（经纬度）、航向和航速。

BDS是中国自行研制的全球卫星导航系统，也是继GPS、GLONASS之后的第三个成熟的卫星导航系统。BDS和美国的GPS、俄罗斯的GLONASS、欧盟的Galileo，是联合国卫星导航委员会已认定的四大全球卫星导航系统。

雷达通过发射电磁波，能探测到周围的船只、岛屿甚至冰山的位置和距离，实现定位。船员通过雷达屏幕，就能获知其他船只位置，避免碰撞。

陀螺罗经指示船舶航向。虽然GPS能显示航向，但陀螺罗经是机械装置,不怕信号丢失,算是个"备用神器"。

**计程仪**用于测量船舶航速和累计航程,是商船必备的航海仪器。

## 21 在南北极和中低纬度地区航行的船舶各有哪些特点和要求?

因为南北极与中低纬度地区的地球磁场、气候条件、海冰状况等自然条件明显不同,所以在船舶设计、航行安全和环保要求等方面对两个地区的航行船舶有不同的要求。

在南北极航行的船舶通常要求船舶采用特殊的船体结构和材料,以及强大的推进系统,以具备一定的冰区航行能力或足够的破冰能力,应对海冰覆盖的航行环境;船舶的设备和系统必须具备防寒性能,以确保在极端低温下仍能正常工作(包括燃料系统的保温、电气设备的防冻措施等);由于地球磁场方向的特殊性,船舶需综合利用陀螺罗经、全球卫星导航系统、惯性导航系统等技术手段进行定位和导航。

在中低纬度,除部分沿海或特殊海域外,通常无海冰覆盖,航行条件相对较好,船舶设计主要考虑经济性、舒适性和航行效率,对破冰能力没有特殊要求;船舶导航主要依赖陀螺罗经和GPS等卫星导航系统。虽然中低纬度地区的天气相对温和,但仍可能出现台风、暴雨等极端天气现象,对航行安全构成威胁。

## 22 什么是船舶压载水?其作用是什么?

船舶压载水是指船舶在航行或装卸货物时,为调整自身稳定性、平衡性和足够吃水深度而主动装载和排放的海水或淡水。其核心作用是通过动态调节船舶载重量分布，保障航行安全与效率。具体而言：

**维持稳性与平衡**　船舶空载或部分装载时重心偏高，易倾斜甚至倾覆，压载水可增加底部重量，降低重心，提高抗风浪能力；同时平衡左右舷重量不均，避免船体扭曲变形。

**优化航行性能**　通过调节压载水，控制船舶吃水深度，确保螺旋桨和舵叶充分浸没，提升推进效率与操纵性，尤其在浅水区可避免搁浅。

**适应装卸需求**　装卸货物时，舱内货物重量变化会导致船体受力失衡，造成严重艉倾或艏倾；压载水的装载和排放可动态补偿重量差，防止船舶倾覆、结构损伤。

国际海事组织 2004 年通过《压载水管理公约》，要求船舶安装压载水处理系统，通过过滤、紫外线杀菌等技术灭活有害生物，实现生态保护与航行安全的双重目标。

## 23　如何观察和测算船舶吃水？

船舶吃水是船舶设计和航行中的重要参数，对保障船舶航行安全具有重要意义。通常通过观察读取标在船首、船中和船尾的六面水尺（draught marks）来完成船舶吃水的测算。水尺是以数字表示的船舶实际吃水的一种标记，通过观察水线与水尺标志的相交处，可以确定船舶的实际吃水值。观测时，应选择较平静的水面，并保持视线与水面的夹角尽可能小，以提高观测精度。

## 24 船舶跨时区航行为什么要拨钟？如何操作？

地球被划分为 24 个时区，每相邻的两个时区相差 1 小时。当船向东或向西航行时，每跨过一个时区，时间就会增加或减少 1 小时。如果不调整船上的时间，船员的生活节奏就会被打乱，甚至可能影响航行安全。所以，拨钟是为了让船上的时间与当地的时间保持一致。

**向东航行**　船向东航行时，每跨过一个时区，时间要拨快 1 小时。比如，从东八区（北京时间）到东九区（日本时间）正好是晚上 12 点，船上的钟表就要从晚上 12 点拨到次日凌晨 1 点。

**向西航行**　船向西航行时，每跨过一个时区，时间要拨慢 1 小时。比如，从东八区到东七区（泰国时间）正好是晚上 12 点，船上的钟表就要从晚上 12 点拨回到当日晚上 11 点。

值得注意的是，当船在东十二区和西十二区之间航行时，不需要拨钟，因为它们虽然在地理上是相邻的时区，但它们其实是同一个时区，统称为东西十二区。不过，虽然在东西十二区内时间不变，但日期会发生变更。从西十二区进入东十二区，日期要加一天；从东十二区进入西十二区，日期要减一天。

## 25 船上生活物资如何补给？

为确保补给的高效和安全，船舶管理者应提前制订详细的补给计划，并加强与相关部门的沟通和协调。

**码头靠泊补给** 这是最常见且主要的补给方式。当船舶停靠在港口码头时，可以直接利用码头的物资供应设施进行补给。这包括但不限于淡水、食品、蔬菜、日用品等生活必需品，以及船舶运营所需的燃料和润滑油等。码头补给的优点是物资种类齐全，补给效率高，且通常能够享受到较为完善的服务。

**海上补给** 在某些特殊情况下，如船舶远离陆地或在锚地及特定海域作业时，海上补给成为必要选择。这通常通过补给船或直升机进行。补给船会携带所需的物资，与船舶在海上进行会合，然后通过吊装或传输设备进行物资的转移。直升机补给则更为灵活，能够快速地将急需物资送达船舶。海上补给的成本相对较高，且受天气和海况影响较大。

**自行采购与网上购物** 随着互联网的普及和物流业的发展，船员可以利用个人时间或船舶靠港的机会，自行外出采购所需物资，或者通过网上购物平台进行采购。这种方式能够提供更多样化的选择，满足船员的个性化需求。但需要注意的是，自行采购需确保物资的质量和安全性，同时遵守相关海事管理规定。

## 26 造船工业皇冠上的"三颗明珠"是指什么？

造船工业皇冠上的"三颗明珠"是指航空母舰、大型邮轮和大型LNG运输船。这三种船因设计建造难度极高，而被誉为造船工业的顶尖成就。目前，中国是世界上集齐这"三颗明珠"的少数国家之一，标志着中国在造船工业领域取得重大突破和显著成就。

# 第二章　港口

　　港口是航运不可或缺的关键节点，在贸易和经济活动中起到了重要作用。随着航运和贸易的兴起，港口从最初的船舶临时停靠点逐步发展为综合性物流枢纽，其功能演变见证了全球贸易发展的历程。现代港口不仅是船舶进出、货物装卸转运的重要场所，也是区域经济发展的关键引擎，在促进国内外贸易、推动产业集聚、带动就业等方面发挥着巨大作用。港口码头的设计、建造和运营直接影响港口的通过能力，港内各类码头泊位、堆场和仓储空间的大小、布局，以及装备智能化程度也影响了港口货物吞吐和存储规模。

　　本章以港口基本概念为切入点，让读者了解港口的社会属性和自然特性，掌握港口的类型划分、设施设备、运营流程、业务指标及其与周边区域的社会经济关系，系统地认识港口如何对区域经济产生影响，从而激发读者对国际航运中心建设及港口相关产业发展的兴趣。

上海港洋山港区
上海国际港务（集团）股份有限公司　供图

第二章　港口

## 01 什么是港口？主要类型有哪些？

港口是指在规划范围内具有船舶进出、停泊、靠泊，旅客上下船，货物装卸、驳运、储存等功能及相应的码头设施，由一定范围的水域和陆域组成的区域。港口可以由一个或者多个港区组成，如上海港主要由洋山港区、外高桥港区和吴淞港区组成。

作为现代交通运输体系中的关键枢纽，港口是货物集散、暂存、换装并转换运输方式的中心，是水上运输和陆上运输的连接点，是国际物流与供应链上的重要环节，同时也是社会经济活动的重要组成部分。按功能与用途，港口可以分为以下几类：

**商港**以提供商船靠泊和货物装卸堆存服务为主，是水上货物和旅客运输的起讫点或中转站。通常将集装箱港口、干散货港口，以及邮轮母港和访问港等均归于商港的范畴。例如，我国上海港、大连港以及世界大港鹿特丹港、新加坡港、纽约港、迈阿密港等都属于商港。

**工业港**是为大型企业输送原材料及输出成品的专用港口，是海上运输与企业生产的汇集地。例如，河北秦皇岛港就是我国重要的煤炭下水港。

**渔港**是为渔业生产服务和供渔业船舶停泊、避风、接卸渔获和补充渔需物资的人工港口或自然海湾。我国著名渔港有舟山群岛的定海港和辽宁的大连湾渔港等。

**军港**是供舰艇停泊、驻屯并提供作战、后勤和技术保障的港口。军港常位于海湾等地势险要的战略要地，如俄罗斯的符拉迪沃斯托克（海参崴）港，美国的珍珠港及我国的旅顺港，均为世界知名军港。

**游艇港**是为各类运动、休闲和商务游艇提供停泊和维护保养的港口，通常也是观光游览船的到发港。世界知名的游艇港有意大利的切尔沃港、法国的圣特罗佩港等。

## 02 港口在经济社会中的作用主要有哪些？

港口是水陆交通的枢纽，在运输、贸易、经济等多方面发挥着重要作用：

**运输枢纽作用**　港口作为交通枢纽，连接了水路、公路、铁路等多种运输方式。货物可以在港口进行不同运输工具之间的换装和转运，实现从发货地到收货地的高效运输。

**物流服务作用**　港口拥有大量的仓库和堆场，用于货物的临时存储和保管，以便货物的集散和调配。一些港口还会利用相关的物流设施对货物进行简单的流通加工，如分拣、包装、组装等，增加货物的附加值，满足不同客户的需求。

**经济带动作用**　作为国内外贸易的重要窗口，港口为进出口贸易提供了便利的条件。各国通过港口进口所需的原材料、商品，出口本国的产品，推动了全球贸易的发展。港口的发展能够带动相关产业的繁荣，如航运业、物流业、制造业、金融业等。港口周边通常会形成产业集聚区，吸引大量的投资和企业入驻，创造就业机会，促进区域经济的发展。港口的运营可以为国家和地方带来可观的经济收入。

**信息服务作用**　现代港口是重要的信息中心，汇集了大量的货主、船公司、船舶代理、货运代理、海关等机构，能够提供丰富的市场信息、物流信息和贸易信息。这些信息对于企业了解市场动态、进行科学决策具有重要的参考价值。

## 03 我国主要的港口有哪些？

我国拥有漫长的海岸线，北起辽宁鸭绿江口，南至广西北仑河口，大陆海岸线长约 1.8 万公里，岛屿海岸线长约 1.4 万公里，为港口发展提供了得天独厚的自然条件。我国港口众多，承担着国内外贸易货物运输的重要任务，主要的港口有：

**上海港**位于长江入海口处，是全球最繁忙的港口之一，也是全球集装箱吞吐量最大的港口，年集装箱吞吐量已突破 5000 万标准箱。

**宁波舟山港**是我国沿海主要港口和国家综合运输体系的重要枢纽，年货物吞吐量已超过 13.7 亿吨，位居全球第一，是继上海港、新加坡港之后全球第三个 3000 万标准箱级的集装箱大港。

**深圳港**位于珠江三角洲东南部，珠江入海口伶仃洋东岸，毗邻香港，是华南地区优良的天然港湾。

**广州港**地处珠江入海口和珠江三角洲中心地带，是我国重要的综合性港口，由多个港区组成，包括南沙港区、黄埔港区等，拥有完善的港口基础设施，是华南地区最大的综合性主枢纽港。

**青岛港**位于我国环渤海港口群及长江三角洲港口群的中心地带，占据东北亚港口圈的中心位置，是西太平洋重要的国际贸易枢纽。

**大连港**位于辽东半岛南端，濒临黄海和渤海，是东北地区最重要的综合性港口。大连港拥有天然的深水良港条件，港阔水深，是我国重要的能源和原材料运输枢纽。

**香港港**位于香港特别行政区，地处珠江口东侧，是亚太地区重要的航运中心。自1841年开埠以来，凭借其优越的地理位置和自由港政策，香港港迅速发展成为全球重要的港口。

**高雄港**位于台湾高雄湾内，是典型的天然良港。作为台湾最大的综合性海港，兼具商港、工业港和渔港功能，是台湾重要的门户港。

## 04 其他国家和地区的主要港口有哪些？

### 亚洲

**新加坡港**位于新加坡南部沿海，西临马六甲海峡，是世界最大的集装箱港口之一。新加坡港由多个港区组成，包括著名的巴西班让港区和布拉尼港区等，主要货种为集装箱、原油和化工品。

**釜山港**位于韩国东南沿海，东南濒朝鲜海峡，西临洛东江，是世界主要集装箱港口之一。釜山港由北港、南港和新港组成，主要货种为集装箱、汽车和石化产品。

**东京港**位于日本东京湾西北部，是日本最大的综合性港口之一，也是东京都市圈的重要物流枢纽。东京港以高效的运营和先进的设施著称，尤其在集装箱处理和冷链物流方面表现突出。

**巴生港**位于马来西亚西海岸、首都吉隆坡西南约40公里处，毗邻马六甲海峡，是马来西亚最大的港口，主要承担木材、棕榈油、橡胶等货种出口及钢铁、化工品等进口。

**丹戎帕拉帕斯港**位于马来西亚南部柔佛州，靠近新加坡，是东南亚地区的大型集装箱港，也是全球集装箱运输的重要枢纽之一。

**丹戎不碌港**位于印度尼西亚雅加达湾，是印度尼西亚最主要的国际货运枢纽之一，承担集装箱、散货、油品等多货种运输业务，连接全球主要贸易航线。

**林查班港**位于泰国东部曼谷湾，是泰国第一大港，主要承担集装箱、汽车等货种的运输业务，发挥着重要的门户港作用。

## 欧洲

**鹿特丹港**位于荷兰西南部莱茵河口和马斯河口汇合处，是通往欧洲的天然门户，也是欧洲最大的集装箱港。

**汉堡港**位于德国北部易北河下游的右岸，是德国最大的港口，也是欧洲重要的货物转运港口，欧洲第二大集装箱港。

**安特卫普港**位于比利时北部斯海尔德河与新水道交汇处，是比利时最大的海港，主要处理集装箱、化学品、石油、汽车和散货等货种，拥有先进的码头设施和自动化技术，尤其在化工品运输和储存方面处于世界领先地位。

**比雷埃夫斯港**位于希腊东南沿海萨罗尼科斯湾东北岸，濒临爱琴海的西南侧，是希腊最大的港口，以处理集装箱货物为主，同时处理散货、石油制品等货种。作为欧洲的南大门，可通达整个地中海、黑海、北非等周边地区。2008年，中国远洋海运集团有限公司与该港口开始合作，比雷埃夫斯港被视为中希经济合作和"一带一路"倡议的标杆项目。

**瓦伦西亚港**是西班牙重要的海港之一，也是欧洲最繁忙的港口之一，主要货物有集装箱、汽车、散货和液化天然气等。

### 美洲

**洛杉矶港**位于美国加利福尼亚州南部,是美国最繁忙的港口之一。洛杉矶港拥有多个现代化集装箱码头,主要处理集装箱、汽车和散货等货种。

**长滩港**位于美国加利福尼亚州南部,毗邻洛杉矶港,是北美西海岸核心港口之一,也是跨太平洋贸易的主要门户之一,以处理集装箱货物为主。

**纽约港/新泽西港**位于美国大西洋海岸的东北部、纽约州与新泽西州的交界处,是美国第一大港。自19世纪以来就是美国对外贸易的主要门户。纽约港/新泽西港主要处理集装箱、汽车、散货等货种。

**休斯敦港**位于美国墨西哥湾沿岸,是美国最大的石油和小麦输出港。休斯敦港凭借其优越的地理位置和多样化的货种,成为美国能源出口的主要门户。

**迈阿密港**位于美国佛罗里达州东南端,濒临大西洋,是墨西哥湾与大西洋航线的枢纽之一。迈阿密港是全球最大的邮轮母港,被誉为"世界邮轮之都"。

**温哥华港**位于加拿大西海岸,邻近美国西雅图,是北美西海岸深水港之一,终年不冻。作为加拿大重要的门户港,温哥华港主要处理集装箱、粮食、木材、矿产等货种。

**哈利法克斯港**是加拿大最大的海港之一,自18世纪以来就是北美与欧洲贸易的重要枢纽。港口拥有多个现代化码头,主要处理集装箱、散货等货种。

**钱凯港**位于秘鲁西部利马大区的钱凯区,是秘鲁最大的港口之一,也是太平洋沿岸的重要港口。钱凯港是中秘共建"一带一路"的重点项目，也是中远海运在南美投资建设的首个智慧港口。2024年11月14日，钱凯港由中秘两国元首宣布开港。钱凯港主要货种包括矿石、石油、农产品等；拥有大型的矿石和石油专用码头，具备先进的装卸设备和高效的物流服务系统。

**图巴朗港**位于巴西圣埃斯皮里图州的图巴朗市，是巴西重要的矿石输出港，主要处理铁矿石、煤炭、化肥等货物，是巴西矿业产品出口的重要通道。港口拥有大型的矿石专用码头和高效的装卸系统，能够满足大规模矿石运输的需求。

**桑托斯港**位于巴西圣保罗州的桑托斯市，是巴西最大的港口，也是南美洲最繁忙的港口之一。港口主要货种包括大豆、咖啡、铁矿石、蔗糖等农产品，以及汽车配件、化工品等。桑托斯港拥有多个码头和泊位，具备先进的装卸设备和高效的物流服务，能够处理各种类型的货物运输。

## 非洲

**开普敦港**是南非最大的海港，也是世界著名的大型港口之一。开普敦港始建于1652年，历史上是欧洲船只前往亚洲的重要补给站，如今以多样化的货种和现代化的设施而闻名。港口货物主要包括集装箱、散货、渔产品等种类。

**德班港**是南非东部的主要港口，也是印度洋沿岸的重要港口之一。德班港凭借其优越的地理位置和高效的运营，成为非洲东部沿海地区的主要物流枢纽。

## 大洋洲

**墨尔本港**位于澳大利亚东南部维多利亚州的墨尔本市，是该国最大的现代化港口之一。始建于19世纪中叶，经过多年的发

作者：张高俊
作品：《东方大港》（漆画）
尺寸：180 厘米 ×120 厘米
时间：2015 年
收藏单位：上海中国航海博物馆

展和扩建,成为南半球最繁忙的集装箱港口之一,可处理各种类型的货物,包括集装箱、散货和液体货物等。

**奥克兰港**位于新西兰北岛的奥克兰市,是新西兰最大的港口之一。始建于19世纪初期,随着新西兰经济的发展和国际贸易的增加,逐渐发展成为该国最重要的港口之一,能够处理各种类型的货物,包括集装箱、散货和液体货物等。

上述代表性港口不仅是所在地区经济的重要组成部分,也是全球贸易网络中不可或缺的一环。它们承载着各国之间的商品交流、文化交融和经济合作,共同推动着世界经济的繁荣与发展。

## 05 港口的设施主要有哪些?

港口包括水域和陆域两部分:水域内有航道、锚地(内锚地和外锚地)、港池等;陆域内有码头泊位、堆场、仓库、道路及装卸设施设备。

港口的陆上设施主要包括码头、堆场和仓库等。

**码头**是港口中用于船舶停靠的水工建筑物,通常由混凝土等坚固材料制成,以支撑起重机和其他装卸设备。其中泊位是指码头内停靠船舶的岸壁线与对应水域构成的区域,即码头中分配给船舶停泊的具体位置,其设计和功能根据船舶大小、类型和货物种类而有所不同。

**堆场**是用于临时存放集装箱和可露天堆放的货物的露天场地。这些区域通常铺设有坚固的地面,以承受重载并便于机械作业。

**仓库**用于存储不宜暴露在外部环境的货物,便于其进出码头或在运输过程中的暂时存储。

**起重机和装卸设备**包括桥式起重机、门式起重机等，这些设备是装卸货物的关键工具，能够高效地将货物在船舶和港口设施之间转移。

**道路和铁路**等基础设施，用于货物的运输和集散，连接港口内外的运输网络。

## 06 码头平面布置方式有哪些？

按平面布置分类，码头可分为顺岸式、突堤式、挖入式、墩式等。

**顺岸式码头**较为普遍，根据码头与岸的连接方式，可分为满堂式和引桥式两种。满堂式码头与岸线全长连成一片，有利于扩大堆场，便于前沿与后方的联系，装卸能力较大。引桥式码头则通过引桥将离岸较远的码头与岸线连接起来。顺岸式布置的码头前沿岸线与自然岸线平行，广泛用于内河港和河口港。

**突堤式码头**主要用于航道宽阔的港口，分为窄突堤码头和宽突堤码头两种。窄突堤码头是一种从岸边向水域中延伸的码头形式，其特点是突堤本身是一个整体结构，没有在中间用填土来构成码头地面。这种结构使得船舶可以在突堤的两侧或端部进行停靠和装卸作业。宽突堤码头通过在突堤两侧设置码头结构，并在中间填土形成码头地面，能够有效利用有限的岸线资源，增加泊位数量，提高港口的运营效率，适用于货运量较大的港口。

**挖入式码头**港池由人工开挖形成，在大型的河港和河口港中较为常见，如德国的汉堡港、荷兰的鹿特丹港。

**墩式码头**是一种非连续结构，由靠船墩、系船墩、工作平台、引桥、人行桥组成。墩台与岸通过引桥连接，墩台之间通过人行桥连接，船舶的系靠由系船墩和靠船墩承担，装卸作业在另设的工作平台上进行。不设引桥的墩式码头通常称为岛式码头。墩式码头常用于开敞式码头的建设，主要用于装卸石油。有些墩式码头不设工作平台，而是在墩子上直接设置装卸机械（如固定装煤机）进行作业。

## 07 造船需要哪些码头设施条件？

造船厂需要建立专门的码头设施，用于船舶的建造、组装、舾装和下水等。造船需要的码头设施条件主要包括以下几个方面：

**码头结构与承载能力**　码头必须具备足够的承载能力和各种作业设备，应具有良好的稳定性，能够抵御各种水文气象条件和船舶停靠时的冲击。

**泊位与水深要求**　码头泊位长度和吨级应满足造船和停靠船舶的要求。码头前沿水深应达到所造船舶的吃水要求，确保船舶能够安全靠泊和离泊。

**装卸与作业设施**　配备与造船需求相适应的设备，如起重机、龙门吊等。码头应有足够的作业场地，用于船舶的建造、舾装和装卸作业。

**安全与环保设施**　包括防火、防爆、防静电等安全设施，确保作业安全。具备船舶污染物和废弃物处置能力，以及相应的污染应急处理能力。

**交通与物流设施** 码头应有畅通的道路和通道,便于货物运输和人员通行。配备仓库、堆场等物流设施,用于存放建造材料和船舶设备及器材等。

**其他配套设施** 码头应具备稳定的供电系统和良好的照明设施;配备通信设备和监控系统,用于作业指挥和安全监控;为工人和管理人员提供办公与生活设施。

## 08 港口水域组成要素有哪些?

港口的水域设施是保障船舶安全停靠、装卸货物和高效运行的关键组成部分,主要包括以下设施:

**泊位** 码头上停靠船舶的具体水域位置,根据船舶类型(如集装箱船、油船)有不同的水深和岸线长度,并配有相应的靠泊和系泊设施,确保船舶稳定停泊并进行作业。

**航道** 由人工或天然水道形成供船舶安全进出港口的通道。航道需保持足够的深度和宽度,并设置导航标志,避免搁浅或碰撞。

**锚地** 港口内外划定的水域,供船舶临时停泊等待进港靠泊、检疫或避风。所选锚地应远离航道或水道等船舶交通较密集区域,以及无海底电缆等水中障碍物的水域。

**防波堤** 抵御海浪、潮汐和风暴的屏障,减小港口内水面波动,降低船舶颠簸幅度和货物装卸风险。部分防波堤兼具防沙功能。

**浮标** 用以标示航道,指示沉船、暗礁、浅滩等危险物的位置。

## 09 什么是挂靠港?

挂靠港是船舶在航线中途停靠的港口,主要用于装卸货物、补充物资、维修或进行其他必要操作。它是航运航线中的一个重要节点,船舶在此停靠以完成部分货物运输等任务,然后继续前往下一个挂靠港或目的地。

挂靠港在航运物流中具有重要作用,主要包括以下几个方面:

**货物装卸**　挂靠港是货物装卸的关键地点,船舶在此卸下运载的货物或装载新的货物,确保货物在不同地区之间的运输。

**航线连接**　挂靠港是航运航线的重要组成部分,船舶通过停靠多个挂靠港,连接不同航线的起点和终点,形成完整的运输网络。

**物流枢纽**　挂靠港是物流链中的重要环节,货物在此中转,转换其他航线或从水运转为陆运,提高物流效率。

**补充物资**　船舶在挂靠港可以补充燃料、淡水、食物等物资,确保后续航行的顺利进行。

**维修与保养**　挂靠港通常配备维修设施,船舶可以在此进行必要的维修和保养,确保航行安全。

**促进贸易**　挂靠港是国际贸易的重要节点,促进货物进出口,推动当地经济发展。

## 10 什么是组合港?

组合港是由多个地理位置相近的港口通过协同合作、资源共享和统一管理形成的港口网络。这些港口在功能上互补,通过整合资源提高整体运营效率和服务水平。组合港通常由一个主港和若干辅助港组成,形成统一的港口网络。纽约港与新泽西港为双子港,西雅图港与塔科马港也是著名的双子港,类似于组合港。

组合港具有以下重要作用:

**资源整合** 组合港内的港口可以共享公共基础设施、航班资源,避免重复建设和不良竞争。通过统一规划和管理,组合港可以更高效地利用港口资源,提高整体运营效率。

**功能互补** 组合港内的港口可以根据自身特点承担不同的功能,例如一个港口专注于集装箱运输,另一个港口专注于散货或液体货物运输。通过功能互补,组合港可以提供更全面的服务,满足不同类型船舶和货物的需求。

**提高竞争力** 组合港通过整合多个港口,形成规模效应,增强在国际航运市场中的竞争力。组合港能够吸引更多的船舶和货物,提升整体吞吐量和市场份额。

**优化航线** 组合港可以优化航线布局,提供更灵活的航线选择,减少船舶空载率,降低运输成本。组合港通常连接多种运输方式(如海运、铁路、公路),实现高效的多式联运。

**促进区域经济** 组合港的发展可以带动周边地区的经济,促进贸易、物流和相关产业的发展。组合港的建设和运营为当地创造大量就业机会,推动区域经济发展。

## 11 什么是喂给港?

喂给港是为大型枢纽港提供货物集散服务的中小型港口,通常位于枢纽港的周边地区,通过相对小型的船舶将货物从喂给港运送到枢纽港,或者从枢纽港将货物运至喂给港。喂给港是航运网络中的重要组成部分,主要用于连接枢纽港和其他中小港口及广大内陆地区。我国喂给港集中在东南沿海、珠江流域、长江沿线。喂给港在航运物流中扮演着重要角色,其主要作用包括:

**货物集散** 喂给港将周边地区的货物集中起来,通过喂给船运送到枢纽港,再由大型船舶进行远洋运输。从枢纽港到达的货物通过喂给港分发到周边地区或更小的港口。

**连接枢纽港** 喂给港作为枢纽港的补充,帮助枢纽港扩大服务范围,覆盖更广泛的区域。喂给港将枢纽港的服务延伸到内陆地区或更小的港口,形成更完善的航运网络。

**降低运输成本** 喂给港通过小型船舶进行短途运输,降低了大型船舶直接停靠小港口的成本。

**促进区域经济** 喂给港的发展可以促进贸易和物流业的发展,并为当地创造就业机会,推动区域经济发展。

**支持多式联运** 喂给港通常连接海运、公路、铁路等多种运输方式,实现高效的多式联运。喂给港作为物流枢纽,帮助货物在不同运输方式之间快速转运。

**提升枢纽港效率** 喂给港分担枢纽港的货物集散压力,使枢纽港能够更专注于远洋运输。喂给港有助于航线布局优化,提高航运物流效率。

## 12 什么是邮轮母港?与普通港口有什么区别?

邮轮母港是邮轮出发、返程、后勤补给与维修的固定挂靠港，也是游客集散地。中国邮轮母港主要有上海吴淞口国际邮轮港、天津国际邮轮母港、厦门国际邮轮中心厦鼓码头、三亚凤凰岛国际邮轮港等。邮轮母港的特点包括：

**功能全面**　邮轮母港除了具备普通港口的基本功能外，还提供邮轮专用设施和服务，如邮轮靠泊码头、旅客服务中心、行李处理系统等。

**服务专业**　邮轮母港通常配备专业的邮轮服务团队，为旅客提供全方位的服务，包括行程咨询、票务办理、行李托运、登船服务等。

**设施完善**　邮轮母港拥有完善的旅游、购物、娱乐等配套设施，如免税店、餐厅、演艺场所、观光景点等，满足旅客的多样化需求。

**经济效益高**　邮轮母港作为邮轮旅游的重要节点，吸引了大量国内外旅客，带动了当地旅游业、商业、交通等相关产业的发展，为当地创造了较高的经济效益。

**品牌影响力强**　邮轮母港通常与世界知名邮轮公司合作，成为其航线的重要站点，提升了母港所在城市的国际知名度和影响力。

**交通便捷**　邮轮母港通常位于交通便利的城市，旅客可以通过多种交通方式抵达，如飞机、火车、汽车等，方便旅客的出行。

随着邮轮旅游行业的蓬勃发展，邮轮母港的角色日益凸显，成为推动旅游业增长的重要引擎，对经济和社会的发展贡献显著。

## 13 什么是邮轮访问港？有哪些特点？

邮轮访问港以邮轮航线中途挂靠为主，具备邮轮停泊、人员上下船等基本功能，一般具有以下特点：

**旅游资源丰富** 这是邮轮访问港的核心特质，凭借当地独特城市魅力与周边旅游资源，搭配岸上配套服务设施，打造一站式旅游体验，吸引众多游客。

**区位条件独特** 临近市中心、景点和购物区等繁华区域，利于港口与产业协同发展；交通便捷，临近城市轨道交通，能快速抵达机场等交通枢纽，方便游客集散；有充足发展腹地，常临近物流中心，便于邮轮船供、燃油加注等产业发展，还预留用地支持产业链延伸。

**码头基础设施齐全** 与邮轮母港相比，邮轮访问港通常规模相对较小，但仍配备完善的码头基础设施，以保障服务全面高效运行。

## 14 船舶如何进港靠泊？

船舶停靠港口泊位是一项复杂操作，涉及多个步骤和协调工作。船舶在港口靠泊分为泊前准备、靠泊作业、系泊作业等几个阶段。外贸船舶在进港前要在锚地通过联检程序，进港靠泊前准备时应当考虑是否需要强制引航；靠泊过程中要考虑流速流向、风速风向；系泊作业时要考虑潮水时间等因素。

**泊前准备** 船公司要提前预估靠泊时的风、浪、流及潮汐状况，严格依照港口、码头的规定，制订详尽的靠泊作业计划。同时，深入了解港口和码头情况，与港口管理部门、码头操作人员等单位充分沟通，保障协作顺畅。还要全面检查船舶设备，保证正常运行，仔细检查船舶舱位，确保货物摆放整齐、舱口干净，做好货物固定和防滑措施。港口企业则要确保泊位靠泊吨级与船舶吨位适配，防护设施无损坏，水深充裕，水上、水下无障碍物，泊位长度符合船舶安全系泊要求。强制引航的船舶靠泊半小时前，按引航员要求清理有碍靠泊的设施，指泊员准时到达现场，与引航员密切联系，正确显示泊位信号，备好碰垫物。

**靠泊作业**　船舶停靠码头主要有顺岸靠和掉头靠两种形式：一般顶风顶流靠泊更有利，这样低速时舵效好，能更好控制船舶靠泊姿态，防止高速撞击码头；借助拖船靠离码头，操作便捷，还能减少占用水域面积。

**系泊作业**　通过缆绳、缆索等固定设备把船舶稳固在码头。系缆要迅速准确，安排足够的合格系缆人员。多根缆绳系在同一带缆桩时，后系的缆绳应从前面缆绳下方穿过往上系，防止解缆时被压住。并且要依据潮汐变化及时调整缆绳长度，防止缆绳过短被拉断，或过长导致船舶随波与岸壁碰撞。

# 15 什么是港口指泊？

　　港口指泊又称指泊作业，是指港口调度部门对船舶停靠泊位的安排与指挥，即根据港口泊位的使用情况、船舶的类型、尺寸、吃水深度、所载货物种类及装卸作业要求等多方面因素，为抵港船舶指定具体停靠泊位的过程，以确保船舶能够安全、高效地进行装卸货物、上下旅客等作业。指泊流程如下：

**船舶信息收集**　在船舶抵港前，港口调度部门会提前获取船舶的相关信息，包括船舶预计到达时间、船舶长度、宽度、吃水深度、载重吨、货物种类与数量、装卸货要求等。这些信息对于合理安排泊位至关重要。例如，对于大型油船，需要安排专门的油码头泊位，且该泊位要具备相应的油品装卸设备和安全防护设施；对于超大型集装箱船，要选择能容纳其尺寸且配备足够起吊能力装卸设备的泊位。

**泊位评估与选择** 调度人员根据收集到的船舶信息，结合当前港口各泊位的使用状态（如是否空闲、正在进行何种作业、预计结束时间等）进行综合评估。考虑因素包括泊位的水深是否满足船舶吃水要求，泊位的长度和宽度能否容纳船舶停靠，以及周边是否有足够的操作空间等。同时，还会考虑货物的性质和装卸工艺要求，如易燃易爆货物需停靠在远离其他普通货物作业区且具备特殊安全措施的泊位。

**指泊指令下达** 在确定合适的泊位后，港口调度部门通过无线电通信、船舶交通管理系统等方式向船舶下达指泊指令。指令内容包括指定的泊位编号、靠泊方向、预计靠泊时间等详细信息。船舶收到指泊指令后，按照要求调整航向，驶向指定泊位。

**现场指挥与协调** 在船舶靠泊过程中，港口通常会安排专业的引航员或码头工作人员进行现场指挥。他们通过信号、无线电等方式与船舶驾驶人员保持密切沟通，确保船舶安全、准确地停靠在指定泊位。同时，协调拖船等辅助设备协助船舶靠泊，特别是对于大型船舶或在复杂气象、水文条件下靠泊的船舶，拖船的作用尤为重要。

由于信息技术的发展，港口指泊工作已可以在软件系统中操作完成。

## 16 港口生产业务统计指标主要有哪些？

港口生产业务统计指标是衡量港口运营效率、货物处理能力和经济贡献的关键数据，它们为政府决策、企业规划及行业发展提供了重要依据。以下是一些主要的港口生产业务统计指标：

**货物／集装箱吞吐量**是衡量港口运输能力和繁忙程度的核心指标，是所在地区经济发展的重要风向标，反映港口能力并用于指导港口规划。

**船舶停时**是指运输船舶自进港时起到离港时止的时间段，包括船舶在港停泊时间、装卸时间和非生产性停泊时间等。船舶在港停时的长短，不仅影响船舶周转速度、船舶经营效益，而且影响码头的泊位利用率，以至影响港口通过能力的大小，进而影响港口码头的经营效益。

**平均船时量**是指来港停泊装卸的船舶，平均每艘船每小时所装卸的货物吨数。该指标可用于分析港口的运营效率，反映港口在不同时期的运营状况和生产能力。

**库场运用指标**包括仓库面积利用率、堆场面积利用率、库场容量利用率、平均堆存期等细分指标。其中，堆场面积利用率体现堆场的使用情况，是实际货物堆放的平均面积与堆场总面积之比。平均堆存期是指货物在库场平均堆存的天数，可反映货物在港口的滞留时间和库场的周转速度。

**泊位运用指标**包括泊位占用率、泊位利用率、泊位通过能力利用率等细分指标。泊位占用率有两种表达方式：一种是时间维度，即泊位被占用的时间与该时期泊位总可营运时间的比率；另一种是空间维度，即采用泊位岸线长度占用情况来表示。泊位通过能力利用率是指泊位实际通过的货物量与设计通过能力之比，用于评估泊位的运营效率和适应性。

**能源消耗指标**包括港口能源消耗总量、每万吨吞吐量能源消耗量等细分指标。港口能源消耗总量包括港口自身运营所需的能源消耗和为船舶提供服务所产生的能源消耗,如照明、动力设备运行等消耗的能量;每万吨吞吐量能源消耗量是指每处理一万吨货物所消耗的能源总量,可用于比较不同港口的能源利用效率和运营成本。

**劳动生产率指标**包括全员劳动生产率、营运人员劳动生产率等细分指标。全员劳动生产率是港口全体员工在一定时期内所完成的货物吞吐量或其他工作量与员工总数的比率,反映港口的整体劳动效率和人均产出水平。

**财务指标**包括港口营业收入、港口利润总额、投资回报率等细分指标。港口营业收入是港口通过提供装卸、仓储、运输等服务所获得的收入总额,是衡量港口经济效益的重要指标之一。港口利润总额是港口在一定时期内的营业收入减去营业成本、规费、税金及附加费等后的余额,反映港口的盈利能力和经营状况。

综上所述,这些指标可以用于衡量港口综合实力和竞争力,对指导港口战略规划、优化资源配置、提升服务质量及促进可持续发展具有不可替代的作用。

# 17 什么是港口货物吞吐量?

港口货物吞吐量是指在一定时期内(通常为一年)经水路运进、运出港口范围(一般情况下,同一港口不同港区之间的水路进出量不计入总吞吐量),并经装卸的货物总量,通常以"吨"或"标准箱"为单位进行统计。我国上海港是世界集装箱吞吐量第一大港;宁波舟山港是世界港口货物吞吐量第一大港。

港口作为连接国内外市场的重要枢纽,其货物吞吐量的增长或下降与地区的贸易活跃度、产业发展状况等密切相关。吞吐量的增加通常意味着地区经济的繁荣和对外经济交流的扩大。

港口货物吞吐量可以直观体现港口在一定时期内的货物处理能力和运营规模。吞吐量越大，表明港口能够接纳和处理的货物越多，其装卸设备、仓储设施、运输组织等方面的综合能力越强。吞吐的大小为港口的规划和建设提供重要依据。通过对历年货物吞吐量的分析和预测，港口管理部门可以合理规划港口的扩建、设备更新等，以适应未来货物运输的需求。

## 18 港口机械主要有哪些？其功能是什么？

在港口中，不同货种通常需要专门设计的机械来进行装卸和搬运作业，以提高效率并确保货物安全。以下是一些常见货种及其相应的装卸输送机械：

**用于集装箱的装卸机械**　岸边集装箱起重机（桥吊，用于船舶与码头之间的集装箱装卸）、轨道门式起重机（龙门吊，适用于堆场中集装箱的搬运和堆放）、轮胎式集装箱起重机（在堆场内移动，用于堆放和取走集装箱）、集装箱拖车和自动化导引车（在自动化集装箱码头中，用于在集装箱堆场和岸桥或门式起重机之间运输集装箱）。

**用于散杂货的装卸机械**　抓斗起重机（用于装卸如煤炭、矿石、粮食等散装物料）、吸料机（用于谷物、豆类等粉末状或颗粒状散货的装卸）、装船机和连续式卸船机（用于快速装载和快速卸载煤炭、矿石等散货）、皮带输送机（用于在码头与仓库之间或堆场内部运输散货）、堆料机和取料机。

**用于液体散货的装卸系统** 浮顶罐车或罐式集装箱（用于运输石油产品、化学品等液体）、管道系统（连接码头储罐和船舶，用于液体的卸载和装载）、泵（用于将液体从船舶转移到储罐或反向作业）。

**用于滚装货物的装卸设施** 滚装船专用机械（用于装卸汽车、拖拉机等轮式货物）、车辆装卸坡道（允许车辆直接驶入或驶出船舶）。

**用于大件货物的装卸机械** 自行式模块起重机（用于搬运超重或超大尺寸的货物，如变压器、发电机组等）、履带式起重机（适用于重载和复杂地形下的货物吊装作业）。

装卸输送机械的选择取决于货物类型、重量、体积及港口操作效率要求。随着技术发展，自动化和智能化的装卸和输送设备也越来越多地被应用于现代港口，以提高作业效率和安全性。

## 19 什么是自动化码头？有哪些特点？

自动化码头也称智能码头，是指利用先进的技术和设备，实现码头作业过程中几乎不需要人工在码头现场直接干预的一种现代化码头。目前，国内外代表性的自动化码头有：我国上海港洋山四期集装箱码头、青岛港前湾集装箱码头、厦门港远海集装箱码头等；荷兰鹿特丹港的 ECT 码头、德国汉堡的 CTA 码头、新加坡的大士港自动化码头等。自动化码头的主要特点有：

**高度自动化** 自动化码头采用自动化设备（如自动引导车、自动化岸桥、自动化轨道吊等）替代传统人工操作。从船舶靠泊到集装箱装卸、运输及堆存，所有环节均由智能系统调度完成，实现"无人化"作业。

**智能化管理** 通过 AI 算法和大数据分析，优化设备调度和作业流程，利用 AI 视觉识别和传感器技术，自动监测集装箱位置、锁孔状态等，减少人工干预。例如，厦门远海码头的智能配载系统可自动优化装卸顺序，效率大幅提升。

**高效性** 自动化码头的装卸效率远超传统码头，自动化系统不受人工疲劳等因素影响，能够显著提升码头吞吐能力。

**安全性** 工人无须进入高空、高危作业环境，通过远程控制操作设备，降低安全事故风险。自动化设备运行精准，减少人为操作失误，提升整体作业安全性。

**环保性** 自动化码头广泛采用清洁能源设备，通过智能化调度和自动化设备，减少能源浪费和碳排放。例如，上海港洋山四期集装箱码头使用电动自动引导车可显著降低排放，其在2022年荣获国内首座集装箱码头"五星级绿色港口"称号。

## 20 港口和城市是如何相互影响的？

港口作为水陆运输的枢纽，依托港口城市的发展壮大，同时对港口城市的经济发展起到重要的推动作用，两者之间存在相互依存的关系。

港口建设初期，城市为港口提供必要的土地资源、基础设施投资及技术人才支持；城市作为港口的腹地，随着城市的发展，吸引更多产业迁入，增加港口的货运需求量；城市化进程中，人口增长和土地开发可能导致原本位于城市边缘或郊区的港口逐渐被纳入城市核心区域。

港口兴建促进了港口城市基础设施和交通网的完善，为城市产业的运输环节提供了更多选择；作为大型交通枢纽，港口主要提供货物装卸服务，为城市物流发展提供便利；港口有助于吸引外资和优秀人才，增加就业机会，促进产业集聚和城市产业结构的优化，推动经济发展。

## 21 什么是港口集疏运？

港口集疏运是指利用港口作为关键的交通枢纽，将货物从不同的生产地或供应地运输到港口集中，然后通过港口分送至各个目的地的过程。这一过程包括集运（将货物从不同地点运至港口集中）和疏运（将货物从港口分散运送至不同目的地）。在国际海运中，港口集疏运发挥着重要的作用，集疏运方式的完善往往伴随着相关产业和服务业的兴起，对区域经济起到带动作用。以洋山港为例，其集疏运方式涵盖铁路、公路和长江及内河航道等基础设施，不同运输方式通过东海大桥与内陆连接，有效提升了货物运输效率，促进了长三角物流、仓储、制造业发展。集疏运功能具体表现为：

**货物集中** 港口作为交通和物流的中心，可以实现从多个生产或供应地点将货物运输到一个地方集中，便于集中处理和管理。

**转运和中转** 港口通常具有发达的集疏运网络，可以将货物转运至不同的运输工具上，如船舶、铁路、卡车等，实现多式联运，提高运输效率。

**仓储和分拣** 港口通常设有仓库和货物分拣设施，有助于货物的暂时存储和分类，以满足不同目的地的运输需求。

## 22 什么是港口腹地？港口与腹地间的连接方式有哪些？

港口腹地，是港口货物集疏与旅客集散所影响的区域范围。经济活动产生的贸易需求借由港口实现与其他地区的货物交流。腹地是港口货客的来源地，是港口发展的根基，其经济规模、产业结构和发展水平直接影响港口的业务量、业务类型与发展潜力。工业发达、贸易活跃的腹地会给港口带来大量货物装卸和转运需求，尤其上海港直接腹地是长江三角洲，香港港和深圳港直接腹地是粤港澳大湾区。港口和腹地之间的连接方式有：

**公路运输** 灵活性高、适应性强，不管是短途配送还是长途干线运输，都能实现"门到门"服务。

**铁路运输** 适合大批量、长距离运输。铁路运输能力大、速度较快且成本较低，主要承担港口与内陆间煤炭、矿石、粮食等大宗货物，以及集装箱运输。

**内河运输** 港口若连通可通航的内河，内河运输便是连接内河沿岸货源地的重要运输方式。内河运输成本低廉，特别适合运输附加值低、运量大的货物，可利用内河航道网络将港口服务辐射延伸到内陆腹地。

**管道运输** 管道运输主要用于输送石油、天然气等液态或气态的能源物资。管道运输具有运输量大、损耗小、连续性强等优点，通过铺设管道，将港口与腹地内的能源生产地、加工地及消费地连接起来，实现能源的高效运输。

**航空运输** 针对电子产品、鲜活产品等时效性要求高的货物，航空运输能提供快速便捷服务。机场与海港通过高效物流衔接，将腹地高价值、时效性强的货物运往全球。

# 第三章　货物

货物作为航运业的根本对象，是国际贸易与资源流通的核心要素，其形态与性质的多样性直接决定了不同类型船舶配置和选择及航线管理体系的构建。从古代简单的粮食、布帛运输，到工业革命后矿石、能源的大规模海运，再到现代精密仪器、危险化学品及冷链货物的专业化运输，货物种类的扩展始终与航运发展和技术革新同步演进。航运货物种类形态各异，可以分为普通货物和特殊货物，已形成科学严谨的分类体系。

本章以水运货物为核心，通过问答形式系统解析货物分类标准、货物装运要求及风险管理等核心内容，旨在帮助读者深入理解货物在水运中的特性与要求，为参与航运实务、物流规划及国际贸易奠定坚实基础。

原油码头
山东港口日照港集团有限公司　供图

## 01 水运货物有哪些种类？

水运货物按形态和性质分类，以提高运输效率，降低运输成本，保证货运质量。按货物形态可分为件杂货（包装与裸装）、散装货（固体与液体）及成组装货物（如集装箱）；按货物性质则主要分为普通货物和特殊货物（危险品、贵重品、重大件、易腐冷藏品及有生动植物等）。上述分类体系为现代航运管理奠定了坚实基础。

## 02 水路运输散装液体及固体货物有哪些？

在水路运输中，散装货物通常是无标志、无包装、不易计算件数的货物，一般批量较大，种类较少，主要包括散装液体货物和散装固体货物。

**散装液体货物**主要包括散装油类（原油、成品油等）、散装液体化学品（无机酸、乙醇制品、动植物油、石油化工品等）、散装液化气（液化天然气、液化石油气、液化氯、液化氨等）。

**散装固体货物**主要包括矿产品（铁矿石、铝土矿、铜矿石等）、粮食类（小麦、玉米、大米、大豆）、能源资源（煤炭等）、建筑材料（水泥、砂子、石子等）、化工原料（硫黄、化肥等）、木材及纸浆（原木、纸浆等）。

## 03 集装箱是什么？集装箱有哪些类型和特点？

集装箱是一种具有一定强度、刚度、规格的专供周转运输使用的大型装货容器。作为专门设计用于装载、运输和存储货物的标准化运输单元，现代海运集装箱起源于20世纪50年代中期，随着时间的推移，集装箱的结构、规格不断标准化，国际标准也逐渐建立和完善，大大促进了集装箱在世界范围内的推广应用。

根据货物运输需求和集装箱功能，集装箱分为干货集装箱、冷藏集装箱、开顶集装箱、框架集装箱、罐式集装箱、通风集装箱、散货集装箱、挂衣集装箱等。

集装箱主要具有以下特点：具有标准化的尺寸和规格，便于多式联运（海运、陆运、铁路运输）；具有高强度的结构，能够承受运输过程中堆叠和装卸的重压；耐久性强，便于长期循环使用；具有良好的货物保护功能，防止货物在运输途中受潮、受损或丢失。

集装箱的大规模运用，推动了全球化贸易和物流的发展，使其成为现代运输体系的核心工具之一。

## 04 集装箱运输中的 TEU 和 FEU 的含义是什么？

TEU（Twenty-foot Equivalent Unit）表示一个20英尺标准集装箱的装载能力，是国际集装箱运输中常用的标准计量单位。一个 TEU 通常表示一个长度为20英尺（约6.06米）、宽度为8

英尺（约 2.44 米）、高度为 8.5 英尺（约 2.59 米）的标准集装箱。

FEU（Forty-foot Equivalent Unit）表示一个 40 英尺标准集装箱，即相当于两个 TEU 的装载能力。一个 FEU 的尺寸为：长 40 英尺（约 12.2 米）、宽 8 英尺（约 2.44 米）、高 8.5 英尺（约 2.59 米）。

FEU 的长度是 TEU 的两倍，而宽度和高度相同，因此一个 40 英尺集装箱的容积和运载能力约等于两个 20 英尺集装箱。

## 05 集装箱的标记有哪些类型？

集装箱标记是印刷或固定于集装箱上的标识信息，其核心功能在于识别集装箱身份、提供装载与使用信息、优化运输管理与多式联运流程、确保符合国际法规与行业标准、提供安全警示、便利海关检查与清关，以及保障货物交接的准确性。

根据国际标准化组织的规定，集装箱标记主要分为四类：识别标记、尺寸和箱型标记、作业标记和通行标记。识别标记涵盖箱主代码、设备识别码、箱号和校验码；尺寸和箱型标记包括尺寸代码和箱型标记；作业标记涉及载重量和自重标记、空陆水联运标记、登箱顶触电警告标记、超高标记和开箱门注意标记等；通行标记则包括 CSC（International Convention for Safe Containers）安全合格牌照、海关加封运输批准牌照、国际铁路联盟标记和检验合格徽等。

集装箱标记不仅是运输管理中的关键信息工具，还在提升安全性、效率、合规性及品牌宣传方面发挥着重要作用，从而确保了集装箱运输系统的高效运行。

## 06 整箱货和拼箱货的区别是什么？

**整箱货**（Full Container Cargo Load，FCL）是指单一托运人将货物装满一个集装箱后进行运输的模式。集装箱内的货物仅属于一个托运人，全程封闭运输，途中不开箱。整箱货适用于货量大、货值高、对安全性和时效性要求高的货物。

**拼箱货**（Less Than Container Cargo Load，LCL）是指当单个托运人的货物不足以装满一个集装箱时，货代或承运人将多个托运人的货物拼装到同一集装箱中运输。每个托运人根据货物体积或重量分摊运费，适用于成本敏感且货量较小的运输需求。

整箱货与拼箱货的主要区别体现在托运人数量、货量要求、运输费用、装卸流程、运输效率及货物安全性等方面。整箱货通常具有更高的运输效率和安全性；拼箱货操作复杂且运输效率较低。托运人应根据货物数量、预算、时效要求及安全需求，选择合适的运输方式。

## 07 哪些货物适合集装箱运输？

集装箱以其标准化、便于装卸、运输灵活、安全可靠的特点，广泛适用于多种货物运输；此外，散货集装箱运输已成为传统散货运输的重要补充。适合用集装箱装运的货物类型主要包括：

**普通干货** 日用品（服装、鞋帽、家具等）、电子产品（手机、家用电器、零配件等)、文具类(纸张、书籍、包装材料等)等属于普通干货。

**冷藏货物**　冷冻食品(肉类、海鲜、乳制品等)、生鲜水果和蔬菜(如樱桃、蓝莓、香蕉等)、医药产品(疫苗、血浆等)等属于冷藏货物,需要采用专门的冷藏集装箱运输。

**散装货物**　散装粮食(大米、小麦、玉米等)、散装化学品(液体化肥等)、散装建材(水泥、砂石等)等属于散装货物。

**危险货物**　易燃危险货物(漆、乙醇、汽油)、腐蚀性物质(酸、碱类化学品)、有毒物质或感染性物质(某些药品或化工品)等属于危险货物。

**贵重货物**　贵重金属(黄金、白银、铜材等)、高档消费品(奢侈品、珠宝、名牌包袋等)、高科技产品(芯片、精密仪器等)等属于贵重货物。

**需要特殊保护的货物**　易损耗品(玻璃制品、陶瓷制品等)、悬挂货物(需要挂衣集装箱运输的高档服装等)等属于需要特殊保护的货物。

## 08 散装液体货物如何装船和卸船?

散装液体货物的装卸和运输具有高度专业性,需依赖专用设备和严格的操作流程,以确保安全、效率和环保。

**装船过程**

**专用设备使用**　通过高压密封管道连接岸上储罐与船舶液舱,防止液体泄漏,配备快速连接系统以提高效率。油船码头或化学品码头常用液体装载臂，液体装载臂可灵活调整高度和角度，适应不同船舶液舱位置。

**预处理** 确保管道、阀门和液舱的密封性与清洁度。清洗液舱以防止货物污染，对易燃液体还需用惰性气体（如氮气）置换舱内空气，降低爆炸风险。

**装船控制** 利用流量计和压力传感器实时监控装载过程，避免液舱过载或管道压力过高。液体货物通常分舱装载，以维持船舶平衡与稳定。

### 卸船过程

**卸货设备使用** 大型散装液体船配备船用卸货泵，通过管道将液体货物抽至岸上储罐。部分港口提供岸上泵站辅助卸货。

**卸船控制** 连接船舶液舱与岸上储罐管道，确保密封性。以稳定流速输送货物，监控液舱液位，避免空舱运行损坏设备。确保卸货流量均匀，防止货物残留。卸货结束后清洗液舱，为下次运输做准备。

## 09 不同货物可以在船上混装吗？

船舶货物能否混装需依据货物的性质、运输要求等多方面因素判断，并非绝对可行或不可行。在特定条件下，若两种或多种货物相互接触，可能发生化学反应、物理变化或相互污染，导致货物性质、质量、性能或安全性受损，则不能同装一处，这类货物被称为互抵性货物。例如，酸性物质与碱性物质接触可能引发剧烈反应；食品与有毒、有害物质接触可能导致污染；吸湿性强的货物与潮湿货物混运会降低品质。运输这类货物需遵循以下要求：

**分类管理**　明确货物属性，根据化学性质、物理特性或污染风险对互抵性货物进行分类归档。依据互抵性原则，确保不兼容货物分组装载，避免混装。

**分隔与隔离**　根据货物的特性和隔离要求，互抵性货物可以保持适当的距离或置于不同货舱内进行运输。

**通风与控温**　强烈气味的货物（如化学品、香料）应置于密封性良好的容器内，远离食品或药品。需冷藏的货物应与需干燥运输的货物分开装载，并保持独立的温控系统。

**加强货物包装**　对液体或气味强的货物采用高密封性包装材料；对易挥发、易污染的货物进行双层包装保护。使用防泄漏容器（如液体运输桶、密闭罐式集装箱）运输易泄漏货物。

互抵性货物运输具有较高风险，需通过严格的分类、隔离和监控措施加以管理。

## 10 什么是海运危险货物？

海运危险货物的范围非常广泛，其分类的主要依据是相关国际公约和规则。根据《船舶载运危险货物安全监督管理规定》，船舶载运的危险货物包括：

**《国际海运危险货物规则》（IMDG Code）**　该规则第 3 部分危险货物一览表中列明的包装危险货物，以及未列明但经评估具有安全危险的其他包装货物。

**《国际海运固体散装货物规则》（IMSBC Code）**　该规则附录 1 中 B 组固体散装货物，以及经评估具有化学危险的其他固体散装货物。

《国际防止船舶造成污染公约》(MARPOL 公约) 该规则附则 I 附录 1 中列明的散装油类，以及国际海事组织通过文件强制要求各缔约国按照 MARPOL 公约附则 I 管理的散装油类。

《国际散装危险化学品船舶构造和设备规则》(IBC Code) 该规则第 17 章列明的散装液体化学品，以及未列明但经评估具有安全危险的其他散装液体化学品。

《国际散装液化气体船舶构造和设备规则》(IGC Code) 该规则第 19 章列明的散装液化气体，以及未列明但经评估具有安全危险的其他散装液化气体。

**其他危险货物** 我国加入或者缔结的国际条约、国家标准规定的其他危险货物。

# 11 海上货物运输包装有什么专门要求？

运输包装是为保护货物在运输、装卸和储存过程中免受损害，并便于操作而设计的包装形式。它是物流环节中不可或缺的一部分，注重强度、耐用性和功能性。

海上运输货物包装要求主要包括以下三点：

**保护要求** 防止海上运输和港口储存过程中外力造成的货损。

**单元化要求** 根据商品种类、特征及物流方式，将货物包装成适合海上运输的单位，便于物流操作。

**识别要求** 通过图形、文字、数字、记号及说明事项，方便海上运输、港口装卸、仓储、检验和交接等环节的识别与管理。

符合要求的海上运输货物包装有助于优化港口装卸流程，确保货物在不同运输工具间快速交接流转，有利于仓储堆码及防止不良环境影响。

## 12 水运货物标志的作用是什么？有哪些种类？

水路货物运输过程中张贴的货物标志是指在货物包装、运输工具或单据上使用的文字、符号、数字或图案，用以标识货物的属性、流转信息、注意事项等内容，起到标识货物、保护货物、规范操作、提升效率的作用。货物标志是物流运输环节中不可或缺的部分，旨在方便识别和正确操作货物。水运货物标志的种类主要包括：

**运输标志**主要标明货物运输过程中的目的地、装卸点等物流信息。常见内容有收货人名称和地址、发货人信息、运输编号或批号、指定货运路线或承运人、体积和重量等。

**指示标志**用来提示货物在运输、装卸和储存过程中需注意的事项。常见标志有防潮标志、易碎标志、温度极限标志、重心位置标志等。

**警戒标志**用来警示货物的特殊性质及操作危险性。常见标志有易燃、有毒、腐蚀性、感染性、放射性等。

## 13 造成水运货损货差的原因有哪些？

货损指货物在运输、装卸和保管过程中发生的质量损坏和数量损失。质量损坏包括湿损、破损、变质、污染、变形、感染等；数量损失包括被盗、丢失、火灾、爆炸、海难或其他意外事故所造成的货物灭失，以及由于挥发、散失、流失等原因所造成的超过自然减量的货物损耗。货差则指运输过程中发生的货物溢短和货运差错，如错转、错交、错装、漏卸等导致的单货不符、件数或重量差异。造成货损货差的原因主要包括：

**配积载不当** 货物搭配不当、装载货位不当、舱内堆码不当、衬垫隔票不当。

**装卸操作不慎** 装卸操作不当或违章操作、装卸设备或吊货工具不当、装卸中气候变化的影响。

**货物本身问题** 货物运输包装不良、货物标志不清、货物本身的自然属性。

**运输过程管理不当** 货舱设备不完善、保管不当。

**堆存保管不妥** 库场设备不全、库场清洁程度不达标、货物保管不当、货物交付不及时。

**理货工作错误** 收发货时数字不准、错装、漏装、混装、理货员的其他失职行为。

造成水运货损货差的原因是多方面的，涉及自然因素、货物本身特性、运输工具和操作管理等多种因素。通过采取科学的管理、技术手段和规范化操作，可以有效减少货损货差，保障货物流通的安全性和经济性。

## 14 水运货物的自然损耗是什么？

自然损耗是指在水路运输过程中，由于货物的物理或化学性质、环境条件等客观因素不可避免地引起的重量、数量或质量的减少。这种损耗是正常的、非人为的，属于运输过程中允许范围内的损耗，通常在法律、合同或行业标准中有明确规定。减少的货物重量占运输货物原来总重量的百分比，称为货物的自然损耗率。

发生自然损耗的主要表现包括：重量损耗（挥发损耗、水分蒸发）、体积或数量损耗（固体颗粒流失、压缩变形）、质量损耗（腐烂变质、氧化、吸湿或吸盐）、机械损耗（磨损）。自然损耗的特点包括不可避免性、可预见性、有限性。减少自然损耗的措施主要包括：合理选择包装、优化装卸方式、改进运输条件、缩短运输时间、加强监管等。

自然损耗是水路运输中常见的现象，主要由货物自身性质和运输环境造成。在实际操作中，通过科学管理和技术手段，可以尽量减少自然损耗，确保货物运输质量，维护各方利益。

## 15 货物水运吸湿及其影响有哪些？

在水运过程中，货物由于暴露在潮湿环境中，特别是对于吸湿性较强的货物（如粮食、木材、纸张等），一旦吸湿，就容易造成货损货差。因此，避免货物吸湿是货物管理过程中的重要内容。货物水运吸湿的原因涉及货物本身的特性、运输环境的影响、包装问题、船舶条件等。货物水运吸湿的影响具体包括：

**重量和数量影响**　吸湿后货物重量增加，可能导致超载。吸湿后颗粒状货物结块或粉末状货物流失，可能导致实际可用货物量减少。

**质量影响** 如粮食、棉花等有机货物吸湿后，容易在高湿环境中滋生霉菌，导致发霉、腐烂。

**运输安全影响** 吸湿导致货物重心变化或包装破损，可能引起堆垛货物的滑移，威胁船舶安全。

**经济效益影响** 吸湿导致的货物质量损坏或数量减少，会造成货主和承运人经济损失。

总体来说，货物的吸湿情况由其自身特性和运输环境共同决定，这可能导致货物质量下降、运输成本上升甚至威胁运输安全。应通过合理的包装、优化积载、改进船舶条件及加强管理，减少吸湿带来的不良后果。

## 16 船舶货舱通风的目的有哪些？

船舶货舱通风是在船舶运输中利用货舱通风系统调节空气质量、温湿度的重要措施，旨在保护货物质量、确保运输安全并维持航行中良好的船舱环境，其主要目的包括：

**防止货物受潮和结露** 通过降低货舱湿度，降低吸湿性货物（如粮食、木材）受潮或发霉的风险；调节温差，防止冷凝水形成，避免货物浸湿。

**调节货舱内温湿度** 对于化学品、易燃物等货物，通风可稳定温度，防止变质或危险；同时控制湿度，避免霉变或过度干燥导致货物损坏。

**排除有害气体** 对煤炭、化肥等可能释放有毒或可燃气体的货物，通风可排出有害气体，防止危险积聚，同时提升空气质量。

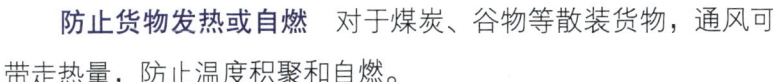

**防止货物发热或自燃** 对于煤炭、谷物等散装货物,通风可带走热量,防止温度积聚和自燃。

**确保船舶和人员安全** 通风可排出废气,保障船员健康安全;降低易燃气体浓度,防止爆炸。

## 17 汽车运输船的特征及装卸特点有哪些?如何保障运输安全?

汽车运输船作为专用于运输汽车的特种船舶,其船体高(通常是普通船型的2倍)、水线以下线型尖瘦,需使用高强度薄钢板;构造复杂,散装构件多,对涂装工艺的要求较高;独特之处在于船首、船尾或船侧设有专门由水密门开合的通道,允许汽车借助与门相连的跳板轻松进出货舱,大大提高了装卸效率。

为保障汽车运输船运输安全,需要在装卸、环境和船员等方面构建全流程安全管理体系。

**装卸** 装船前应检查车辆状况(如刹车、轮胎),确保无隐患;一般使用轮挡、木楔固定车轮,配合高强度绑带将车辆牢牢固定于甲板锁件;部分船舶采用液压或电动绑定系统来确保绑带预紧力均匀,避免松动;此外,需要根据车辆重量、尺寸分类装载,通常重车在下、轻车在上,以保持船舶平衡。

**环境** 通常货舱配置通风系统,保持空气流通,降低湿度;新车或易锈部件应喷涂防锈蜡,或使用防潮罩覆盖;货舱配备设置烟雾、温度传感器和自动灭火系统;在运输过程中需注重对货舱的动态监控,通过摄像头监控车辆固定状态与环境变化;要根据气象预报判断是否提前加固货物或调整配载,避开台风、巨浪区,必要时应调整航线或暂停航行。

**船员** 船员需持有适任证书，接受相关的必要安全培训，熟悉国际海事组织有关规则及港口特定要求，掌握车辆绑扎、应急操作流程；了解车辆移位、火灾或沉船预案；定期演练快速释放绑带和疏散流程。

近年来，随着新能源汽车的普及，鉴于其搭载的锂离子电池在受损、过热或不当处理的情况下可能会起火甚至爆炸，故而在运输过程中需要采取针对性预防措施，例如：在装运前应对电池进行彻底检查，确保电池没有损伤、过度磨损或其他潜在的安全问题；在运输过程中将电池电量维持在30%到50%之间，这样既可降低安全风险，又能保证到达目的地后车辆有足够的电量进行移动；严格遵循国际海事组织发布的《国际海运危险货物规则》和其他相关组织发布的新能源汽车和锂电池的安全运输指南和规则；保持货舱的温度在适宜水平，避免极端温度（过高或过低），保证电池的稳定性；船员应接受有关新能源汽车和锂电池火灾风险的专业培训。

# 第四章　船员

　　船员作为船舶的灵魂与核心，担负着船舶安全航行与高效运营的重任，其历史可追溯至远古人类扬帆探索海洋的初始时期。从最初的舟楫舵手，到现代高度专业化的航海团队，船员的职业素养随着航海技术的革新不断提升，逐步形成岗位分工明确、技能同步迭代的职务体系。现代船员不仅需要掌握航海技术、机械维护、应急处理等专业知识，还需具备团队协作与跨文化沟通能力。

　　本章以船员为中心，系统梳理其职业分类、职责分工、资质要求、工作规范及权益保障等内容，通过知识问与答的形式，旨在帮助读者全面了解船员工作的多样性与复杂性，深化对船员职业要求、发展规划及船上生活的认知，进而激发对航海事业的热爱。

船员实船培训
中国船东互保协会　供图

## 第四章 船员

## 01 船员和海员的区别有哪些？

船员和海员的主要区别在于其定义的范围。船员是一个广泛的概念，泛指在船上工作的所有人员，包括船长、轮机长、大副、大管轮等。这些人员必须持有相应的适任证书才能上岗。船员可以进一步细分为海船船员、内河船员和渔船船员。

海员是指航行于海上的货船或邮轮等船舶上的工作人员，除需持有一般船员的适任证书之外，还应持有《海船船员适任证书》等必备证件。

## 02 什么是持证船员？什么是活跃船员？

持证船员是指通过专业考试获得官方认可的适任证书的船员。这些证书就像是"机动车驾驶证"，证明他们具备操纵船舶、管理设备或负责特定任务的资格。不过，开船要比开车复杂得多，需要船员掌握很多专业知识和技能。因此，船员持证上岗是保障航行安全的重要条件。

活跃船员是指在过去一段时间内（通常是五年）有实际航海经历的船员。他们可能是正在船上工作的船员，也可能是刚刚结束一段航行的船员。活跃船员就像是"在职员工"，拥有较新的经验和技能，能够随时投入船上工作。航海是一个需要实践经验的行业，活跃船员因为经常在海上工作，对最新的航海技术、设备操作和应急处理更加熟悉，因此往往更受用人单位青睐。

## 03 船员的种类有哪些？

依照我国《船员条例》的规定，船员包括船长、高级船员、普通船员。

**船长**是指依照《船员条例》的规定取得船长适任资格证书，负责管理和指挥船舶的人员，是船舶的最高指挥官和负责人，是船舶的灵魂人物，同时也是船东在船上的法定代表。船长不仅要确保船舶安全航行，还要管理船员、协调货物运输，应对突发状况。船长的职责涵盖了航行、管理、法律和技术等多个领域，是航海活动中不可或缺的核心角色。

**高级船员**是指依照《船员条例》的规定取得相应任职资格的大副、二副、三副、轮机长、大管轮、二管轮、三管轮、通信人员以及其他在船舶上任职的高级技术或者管理人员。

**普通船员**是指除船长、高级船员外包括水手、机工等的其他船员。水手是船舶甲板部的"多面手"，主要从事缆绳系解，协助完成航行值班、锚泊靠泊值班，参与救生和消防等工作；机工在船舶轮机部从事普通技术性操作工作。

## 04 "老轨"和"老电"在船上是什么职务？

"老轨"和"老电"是船员们对船上两个重要技术岗位的亲切称呼。

**"老轨"**指轮机部的最高负责人轮机长。历史上铁路系统专业人员录入船舶轮机部门工作后以"轨"作为职业标识；轮机长作为全船机电、动力设备的技术权威被称为"老轨"师傅，后逐渐在行业内简称为"老轨"。

"**老电**"指轮机部的电机员。电机员通常是船舶电气设备方面的专家，负责所有与电力相关的工作。他就像船舶的"电力守护者"，确保电路、电器和电子设备正常运行。

## 05 "木匠"和"铜匠"在船上是什么职务？

虽然现代船舶已经高度机械化，但"木匠"和"铜匠"这些职务被保留下来。

"**木匠**"是传统船舶（尤其是木制帆船时代）上的一个重要职务，主要负责与木材类相关制品的维护、修理和应急处理工作，包括船体维护与修理、压载水管理、应急工作、辅助甲板部进行的其他工作。

"**铜匠**"是船上负责金属加工和设备维修的专业人员。主要职责包括：维护和修理船上的金属部件，比如管道、阀门、泵机等；加工和安装金属零件，确保设备正常运行；在轮机部的指导下，协助修理主机、辅机等大型设备等。

## 06 远洋船舶有哪些部门？如何分工？

远洋船舶通常设有三个部门：甲板部、轮机部和事务部。甲板部的职位层级由高到低包括大副、二副、三副、水手长、木匠或泵匠、水手；轮机部的职位层级由高到低包括轮机长、电机员、大管轮、二管轮、三管轮、机工长、铜匠、机工；事务部则包括管事、大厨、二厨、服务生和实习生等，但是现在大部分船舶已取消事务部，相应职能被归到甲板部。

**甲板部**主要负责船舶的航行、货物操作和甲板设备的维护。大副是甲板部的负责人，也是船长的第一助手，负责货物装卸、甲板设备维护和航行值班等；二副主要负责航行计划和导航设备的管理，比如雷达、电子海图和通信设备等；三副主要负责安全设备的管理，比如救生艇、灭火器和应急信号灯等；水手长是甲板水手的负责人，负责分配任务、监督工作并维护甲板设备等；水手是甲板上的工作人员，负责清洁甲板、维护设备、协助货物装卸和系泊操作等。

**轮机部**负责船舶的动力系统和机械设备的运行和维护。除轮机部负责人轮机长（老轨）外，大管轮是轮机长的第一助手，负责主机的运行和维护；二管轮负责辅机（如发电机、泵机等）的运行和维护；三管轮负责锅炉、燃油系统和润滑系统等的维护；电机员负责船舶所有电气设备的运行和维护；机工是轮机部门的基础工作人员，负责设备的日常维护和清洁。

## 07 船舶引航员为什么被称为"水上国门第一人"？

按照国际惯例，需要对出入港口的外籍船舶实行强制引航。船舶引航员之所以被称为"水上国门第一人"，是因为引航员通常是外国船只进入某一个国家时，第一个被接触到的该国专业人员。引航员不仅维护国家主权、负责船舶安全，还代表国家的形象和专业水平。引航员的工作直接关系到港口的安全、航道的畅通，甚至国家经济贸易的水平。因此，引航员的工作并不轻松，不仅带有技术性，还带有一定的外交色彩。他们需要在各种天气条件下，乘坐引航船登上巨轮，与船长沟通，了解船舶的状态，然后指挥船舶安全靠泊或离港。这不仅需要高超的航海技术，还需要极强的应变能力和心理素质。船舶引航员是国家水上交通安全的守护者，也是国家形象的"第一张名片"。

## 08 海员的晋升途径和发展规划通常是怎样的？

### 海员的晋升途径

海员需要先完成必要的培训，例如基本安全培训、保安意识培训、救生艇筏和救助艇操作培训，然后在船上担任实职并满足换证的时限要求，再通过相应适任考试，拿到相应适任证书后，经用人单位认可，即可完成岗位的晋升。各岗位层级如下：值班水手/值班机工、高级值班水手/高级值班机工，三副/三管轮、二副/二管轮、大副/大管轮，船长/轮机长；电子技工、电子电气员，GMDSS限用操作员、GMDSS通用操作员、GMDSS二级/一级无线电电子员。

### 海员的发展规划

**短期规划（1~3年）** 完成基础资格认证（如海员证、航海业务资格证），积累航海实践经验。通过实习或初级船员岗位熟悉船舶操纵、航海技术，参与不同航线任务以拓宽经验。

**中期规划（3~10 年）** 晋升至高级船员（如大副、轮机长）或船长。提升专业技能（如船舶管理、应急处理）、培养领导力与团队协作能力，考取高级证书（如船长适任证书），参与管理培训，提高业内认可度。

**长期规划（10 年以上）** 成为航运领域专家、航运企业管理者或海事院校导师。可涉足航运管理、海事法规制定或科技研发，注重行业趋势（如环保技术、无人船）的适应。

## 09 海员需要具备哪些资格证书和培训证书？

**资格证书**

《海船船员适任证书》俗称"大证"，是海船船员任职的核心资格证书，明确船员可担任的职务（如船长、轮机长、三副等）及适任航区（无限航区或沿海航区）。需通过海事局考试和评估，有效期不超过 5 年。

《船员服务簿》记录船员资历、培训经历及体检信息，是职务晋升和证书换发的必要文件，需在船上任职时随身携带。

《海员证》是国际航行海员专用身份证明，类似护照，由中国海事局签发，有效期不超过 5 年。

《海船船员健康证书》是在指定医院完成 14 项体检（包括乙肝、心电图等），证明身体健康符合航海要求的证书，有效期 2 年。

国际旅行健康相关证书分红本和黄本，红本是《国际旅行健康检查证明书》）黄本是《疫苗接种证书》。红本和黄本是外贸船员必备的证书，红本有效期1年，黄本需包含黄热病等疫苗接种记录。

**培训证书**

**基础安全培训证书**　该系列证书俗称"四小证"，包括Z01《熟悉和基本安全培训合格证》、Z02《精通救生艇筏和救助艇培训合格证》、Z07《高级消防培训合格证》、Z08《精通急救培训合格证》，所有船员都必须持有。

**特殊船舶培训合格证**　该合格证须根据船舶类型额外考取，如《油船货物操作高级培训合格证》等。

**其他专项培训证书**　GMDSS设备操作相关证书包括通用操作员或限用操作员证书；保安职责培训证书包括Z09《保安意识培训合格证》和Z10《负有指定保安职责船员培训合格证》等。

## 10 海员船上工作时间是如何安排的？

海员在船上的工作时间安排因船舶类型、航线、职务等因素而有所不同，但通常遵循一定的行业标准和规定。以下是一般情况下海员船上工作时间的安排：

**驾驶台值班**　驾驶员通常实行四小时轮班制度，即每四小时轮值一次，一天分为六个班次。即00:00—04:00、04:00—08:00、08:00—12:00、12:00—16:00、16:00—20:00、20:00—24:00。值班驾驶员负责船舶的航行安全，包括瞭望、定位、避让、通信等工作。

**机舱值班**　轮机员实行类似的四小时轮班制度。值班轮机员负责监控机舱内的机械设备运行状况，进行日常维护和保养工作，确保船舶动力系统的正常运转。无人机舱船舶轮机员无须进行四小时轮班制。

**普通海员值班** 水手和机工的值班时间与驾驶员和轮机员相对应，协助他们完成各项工作。水手在驾驶台值班时，负责瞭望、操舵等工作；机工在机舱值班时，协助轮机员进行设备巡检和维护。

除了值班时间外，海员还需要进行一些日常工作，如船舶的清洁、保养、货物操作等。这些工作通常在白天的非值班时间进行，具体安排根据船舶的实际情况而定。

## 11 海员上下船换班有哪些要求和规定？

海员上下船换班的核心要求围绕国际公约和各国法规展开，以确保合规性与海员权益。根据《海事劳工公约》（MLC 2006），海员连续在船服务不得超过11个月，超期必须换班，且船东需承担交通、签证等遣返费用。《国际海员培训、发证和值班标准公约》（STCW）要求海员持有有效适任证书和健康证明。换班流程需准备护照、海员证、船员服务簿及适任证书等文件，船东或代理需提前48~72小时向港口国申报换班计划，部分国家要求船员签证（如美国D1签证）或健康证明（如黄热病疫苗接种）。港口国审批通过后，船员可通过指定港口（如中国上海、新加坡）安全登离船，船东需安排交通并保障交接期间工资全额支付。各国规定差异显著：欧盟允许海员凭船员证短暂停留，东南亚部分国家提供免签换班窗口，而美国需提前向海关申报。海员权益保障方面，船东须处理紧急伤病遣返、证件更新，并提供投诉渠道（如 MLC 投诉机制）。通过专业代理协作，确保文件一致性与流程高效，避免滞留或法律风险。

## 12 海员在船上与外界通信联系方式都有哪些？

海员在船上与外界的通信联系方式主要包括以下几种：

**卫星电话**　卫星电话是海员在船上最常用的通信工具之一。它利用国际海事卫星进行通信，可以实现船与岸、船与船之间的通话、数据传输和传真。

**无线电设备**　船上还配备了多种无线电设备，如 VHF 甚高频电台、AIS 自动识别系统等，这些设备可以用于船与岸、船与船之间的通信。VHF 甚高频电台主要用于近距离的通信，如与附近船舶或岸台进行通话协调。

**网络通信**　随着科技的发展，通信卫星越来越普及，现在很多船舶都配备了船载 Wi-Fi，海员可以通过 Wi-Fi 上网聊天、浏览网页等。

**其他通信方式**　除了以上几种通信方式外，海员还可以通过其他方式与外界保持联系。例如，当船舶靠近陆地时，海员可以使用手机开通国际漫游服务或购买当地电话卡与家人联系。此外，家人也可以通过联系海员所在的公司，通过船上的卫星电话或其他通信方式与海员取得联系。

综上所述，海员在船上与外界的通信联系方式多种多样，包括卫星电话、无线电设备、网络通信以及其他通信方式。这些通信方式各有优缺点，海员需要根据实际情况选择合适的通信方式以保持与外界的联系。

## 13 船舶停靠港口期间船员下船应办理哪些手续？

船舶停靠港口期间，船员下船需要办理的手续主要包括以下几个步骤：

**提交下地申请** 船员下船前，应向港口的相关部门提交下地申请。申请中需要详细填写船员的个人信息（如姓名、职务、船员证号等）、下船的目的、预计停留的时间等内容。这一步骤是确保船员下船活动有序进行的重要前提。

**获得审批与许可** 港口管理部门会对船员的下地申请进行审批。审批通过后，会发放下地许可证或相关证明文件。船员需要随身携带这些证件，以备随时检查。

**参加安全培训** 根据港口的规定，船员在下船前可能需要参加由港口组织的安全培训。这些培训会详细介绍港口区域内的安全规定和注意事项，包括禁止进入的区域、遇到紧急情况的处理方法等。这有助于船员在港口期间保持安全。

**海关与边防检查** 船员在下船时，需要接受海关和边防检查。海关会检查船员携带的物品，以确保没有违禁品或未申报的物品。边防检查则会核实船员的身份和证件，以确保其合法性。

**遵守港口规定与注意事项** 船员在港口期间需要严格遵守港口的各项规章制度，包括但不限于以下规定：遵守港口安全规定，如不在禁止进入的区域活动，不随意触碰港口设备等；港口区域车辆往来频繁，设备众多，船员应注意个人安全，避免发生意外；了解并尊重港口所在地的文化传统和习惯，尊重当地风俗习惯,避免不必要的冲突;船员应妥善保管好个人财物,避免丢失或被盗;船员应严格按照申请的时间返回船上,以免影响船舶的正常运营。

**特定情况下的手续**　对于停靠在中国港口的外轮,其船员下船还需要遵守中国的出入境管理规定。这包括但不限于申请办理海员证、签证等旅行证件,以及接受卫生检疫等程序。

## 14 海员在船上突发疾病怎么办?

当海员在船上突发疾病时,应采取以下措施来确保海员的健康和安全:

**利用船上医疗设施**　大多数商船和远洋船舶都配备有基本的医疗室,包含常见的药品、医疗器械和医疗设备,如急救箱、血压计、听诊器等。船上的医生或经过医疗培训的海员(如二副或大副兼职)可以进行初步的诊断和治疗。

**进行远程医疗咨询**　通过卫星通信设备,与岸上的医疗专家进行远程医疗咨询。海员可以向专家描述症状,专家根据提供的信息给出诊断和治疗建议。

**启动紧急救援机制**　在病情严重且船上无法处理的情况下,应启动紧急救援机制。这可能包括联系附近的港口,安排海员上岸接受更专业的医疗救治,或者请求直升机救援。注意,紧急救援的可行性和效率可能受到船舶位置、天气条件、救援资源等多种因素的影响。

**海员互助与基本急救**　其他海员应在生病海员需要照顾时提供帮助,包括照顾生活起居等。对于外伤、溺水等紧急情况,海员应利用船上配备的医疗物资和急救药品进行初步处理,如止血、包扎、固定骨折部位等,以减少疾病带来的死亡率和伤残率。

**确保及时沟通与报告** 在发现海员突发疾病时,应立即与船舶管理层或相关责任人沟通,并报告病情和所需援助。这有助于确保及时获得必要的医疗资源和救援支持。

**关注后续赔偿与保障** 若海员购买了商业保险,且疾病符合保险条款的赔付范围,保险公司将承担一定的医疗费用和赔偿。若船舶公司存在过错导致海员突发疾病,海员有权向公司主张侵权赔偿。具体的赔偿方式和金额需根据实际情况,结合相关法律法规和保险合同来确定。

## 15 邮轮驾驶员与货船驾驶员有哪些区别?

邮轮驾驶员与货船驾驶员在多个方面存在显著的区别。

**工作性质和职责** 邮轮驾驶员主要负责驾驶邮轮,并管理船上的各项事务,包括航行安全、旅客服务以及与海员的协调等。他们的工作重点在于为旅客提供高质量的旅行服务,确保旅客在邮轮上的安全与舒适。相比之下,货船驾驶员则主要关注货物的运输,他们的工作重点在于确保货物的安全、准时到达,并关注船舶的航行效率和经济效益。

**技术能力和要求** 邮轮驾驶员除了需要掌握基本的船舶驾驶技能外,还需要具备良好的服务意识和沟通能力,以便更好地为旅客提供服务。此外,他们还需要了解邮轮上的各种设施和服务,以应对旅客的各种需求。而货船驾驶员则更注重船舶操纵、货物装卸和航海技术等方面的技能，以确保船舶的安全和顺利运行。

**工作环境和待遇**　邮轮驾驶员通常工作在设施完善、环境优美的邮轮上，可能享有较为优厚的工资和福利待遇。与货船驾驶员相比，邮轮驾驶员的工作时间可能较长。货船驾驶员的工作环境可能相对较为艰苦，他们的工资待遇和工作稳定性也会因船舶类型和航线等的不同而有所不同。

## 16 海员的权利和义务主要有哪些？

国际海事公约对海员的权利和义务的规定主要集中在《海事劳工公约》（MLC 2006）中，这是目前最全面的保护海员权益的国际法律文件。该公约的 2022 年修正案于 2024 年 12 月 23 日生效。根据该公约，海员的基本权利包括公平就业权、健康保护与医疗权、社会保障权、劳动权和申诉权等；基本义务包括遵守劳动合同、遵守法律法规、履行工作职责和维护船舶安全等。

# 第五章　航运组织与营运

　　航运组织与营运是航运业的重要环节，决定了船舶调配、航线规划、运输服务等关键流程，其高效与否直接影响着全球供应链的稳定性与经济性。在航运市场贸易新格局、环保新规范、技术革新等因素推动下，新的贸易路线兴起，船舶技术不断升级，可持续发展成为行业共识，这既为航运的组织与营运带来机遇，也为其带来前所未有的挑战。

　　本章在航运组织与营运实践的基础上，聚焦船舶运营、航线规划、资源配置及风险控制等内容，为读者提供了一个航运组织体系、运作方式和发展脉络的框架，帮助读者快速认识和了解水路运输组织和运营等方面的知识。

航线优化
上海迈利船舶科技有限公司　供图

第五章 航运组织与营运

# 01 国际运输船舶的营运方式主要有哪些?

国际运输船舶营运方式分为班轮运输(Liner Shipping)和不定期船运输(Tramp Shipping)两大类。

**班轮运输**也称为定期船运输,指船舶在特定的航线上和既定的港口之间,按照事先规定的船期表进行有规律的往返航行,以从事货物运输业务,并根据公布的费率表(即运价本)收取运费的运营方式。在实践中,班轮运输可分为"核心班轮"和"弹性班轮"两种形式。前者是严格定线定港定时定价的班轮运输;后者是船舶运行虽有船期表,但船舶到离港口的时间有一定的伸缩性,并且航线上虽有固定的始发港和终点港,但中途挂港数量则视货源情况可以有所增减。

**不定期船运输**是与定期船运输相对的另一种国际运输船舶营运方式。这种方式没有固定的航线和挂靠港口,也没有预先制订的船期表和运价本。船舶经营人根据市场需求和机会,与租船人商谈运输条件,并签订租船合同来安排运输,因此通常被称为"租船运输"。根据承租人的不同营运需要,租船运输方式分为航次租船、定期租船、航次期租和光船租赁。

# 02 租船运输方式有哪些?

租船运输是国际海上货物运输的一种重要营运方式。常见的租船方式包括:

航次租船（Voyage Charter，VC）又称"程租"，以船舶完成特定航程为基础。船舶所有人提供船舶，在指定港口间运输指定货物，承担运营管理和航行费用，租船人负责支付运费。

定期租船（Time Charter，TC）又称"期租"，指船舶所有人将船舶出租给租船人使用一定期限，由租船人自行安排船舶的运营和管理。在期租合同下，租船人负责船舶的调度、货物运输安排以及船舶的日常运营费用，而船舶所有人则负责船舶的维护和管理以及船员的配备。租船人按时间付租金，租金按天或月计算，租船人承担运输风险，如货物损失、延误等。

航次期租（Time Charter on Trip Basis，TCT）以完成一个航次运输为目的，租金按航次使用天数和约定日租金率计算，兼具航次租船和定期租船特点。当装卸港或航线航行条件差、航次时间难掌握时，该方式对船舶所有人有利，可避免船期损失。

光船租赁（Bareboat Charter，BC）又称"光租"，船舶所有人提供无船员船舶，租船人在约定期间占有、使用和营运，按合同付租金。租船人可完全控制船舶使用，但要承担管理和维护责任，需具备一定船舶管理能力应对维修、人员配置等问题。

## 03 全球主要的班轮运输航线有哪些？

集装箱班轮航线是全球贸易中连接各大洲经济体的重要纽带。主要的班轮航线有跨太平洋航线、跨大西洋航线、欧亚航线、亚洲区域内航线及其他航线。

跨太平洋航线将远东地区与北美西海岸的洛杉矶、长滩等港口紧密相连，并通过巴拿马运河连接北美东海岸港口，是亚美贸易大动脉；跨大西洋航线架起了北美与欧洲、地中海地区的海上桥梁，把北美东海岸港口与欧陆主要港口连接起来；欧亚航线穿越苏伊士运河，是亚洲和欧洲的重要通道，承担了欧洲、地中海—远东航线的繁忙运输任务；在亚洲区域内的中、韩、日—东南亚航线编织起密集的区域内的航运贸易网络，而远东—澳新航线则延伸至南半球，将澳大利亚、新西兰纳入远东经济圈；此外，其他航线中，澳新—北美航线强化了南半球与北美的经贸联系，欧洲、地中海—西非、南非航线则打通了欧非大陆的海上通道。

上述航线不仅是货物运输的通道，更是推动沿线国家和地区经济发展的重要引擎。随着全球经济格局的演变，航线网络持续优化升级，以应对日益增长的国际贸易需求，为世界经济的繁荣发展提供坚实保障。

## 04 班轮航线结构及形态有哪些类型？

班轮运输的结构及形态类型丰富，主要依据运输对象、运行组织、区域范围、航行线路、布局形态、市场覆盖来分。

**按运输对象分**，班轮航线分为普通杂货、集装箱和客运航线。普通杂货航线船舶运送普通货物，常多港挂靠；集装箱航线是现代班轮运输主流，以集装箱船为运输主体，长距离航线采取沿线多港挂靠的方式；客运班轮专门用于运送旅客。

**按运行组织形式分**，班轮航线可分为多港挂靠直达和干／支线结合分程运输航线。前者直接把货物从起运港运到目的港；后者靠干线和支线协同，实现货物集中与分发。

**按所跨区域分**，班轮航线可分为沿海、近洋和远洋航线。沿海航线连接本国沿海港口，近洋航线连接本国与邻国港口，远洋航线跨越大洋，连通全球主要港口。

**按航行线路分**，班轮航线可分为来回式和环状航线。来回式航线在始发港与目的港间往返；环状航线沿环形线路航行，包括环洋和环球航线。

**按航线布局形态分**，班轮航线有传统点对点直达、轴辐式和混合轴辐式。传统点对点直达航线灵活但难形成规模效应；轴辐式航线以枢纽港为中心，干线连枢纽港，支线负责货物集散；混合轴辐式航线在联营合作下，干线由联盟成员共营，支线相对独立。

**按市场覆盖分**，班轮航线有全球性和区域性航线网络。全球性航线覆盖全球主要港口，如马士基和地中海航运的航线网络；区域性航线聚焦某一区域市场。

总之，班轮航线结构和形态的多样性体现了不同运输需求和市场条件下的组织方式。如今，随着集装箱运输普及和航运联盟兴起，轴辐式航线结构和形态成为国际集装箱班轮运输的核心模式。

## 05 全球主要的班轮公司有哪些？

班轮公司主要指集装箱班轮公司。长期以来，全球班轮运输市场中TOP10班轮公司的运力占市场总运力的80%以上，TOP20班轮公司的运力占市场总运力的90%以上。一般认为全球主要的集装箱班轮公司为TOP20班轮公司。

第五章　航运组织与营运

　　Alphaliner 官网发布的数据显示：截至 2025 年 1 月，根据各班轮公司拥有的运力占市场总运力的份额，全球 TOP20 班轮公司分别是地中海航运（MSC）、马士基航运（Maersk）、达飞轮船（CMA CGM）、中远海运集团（COSCO SHIPPING）、赫伯罗特（Hapag-Lloyd）、海洋网联船务（ONE）、长荣海运（Evergreen Marine）、现代商船（Hyundai Merchant Marine）、以星航运（ZIM）、阳明海运（Yang Ming Marine）、万海航运（Wan Hai Lines）、太平船务（PIL）、Sea Lead Shipping、海丰国际（SITC International）、X-Press Feeders Group、高丽海运（KMTC）、UniFeeder、伊朗国航（IRISL）、长锦商船（Changjin Merchant Marine）、德翔海运（TS Lines）。

　　全球班轮运输市场的最新格局是：前三名（地中海航运、马士基航运和达飞轮船）占据了全球市场近一半的运力，而位列第四的中远海运集团作为中国最大的班轮公司占据全球市场 10% 以上的运力。

## 06 什么是航运联盟？对航运市场有什么影响？

　　航运联盟是多个航运公司通过正式合作协议组成的战略联盟，目的是共同应对市场竞争、提高效率并降低成本。这种合作形式让参与公司能够共享资源，比如航线、港口、船期、舱位、信息，甚至共建码头和堆场等。截至 2025 年，全球主要的航运联盟有"双子星"联盟（Gemini）、海洋联盟（Ocean Alliance）以及 PA 联盟（Premier Alliance）。

　　航运联盟对市场的影响是多方面的。首先，通过整合资源和优化航线，联盟提高了船舶利用率和运输效率，降低了运营成本。其次，联盟增强了成员公司的竞争力，增加了航线频率和服务范围，提升了整体服务水平。此外，联盟重组可以改变市场格局，降低了市场集中度，使竞争更加激烈，船公司对运价的掌控能力降低。同时，联盟变动也影响了运价，特别是在来往欧洲班轮航线运力不足的情况下，可能导致运价波动。最后，联盟通过优化航线和服务，为货主提供了更多选择，帮助他们降低物流成本和时间。

航运联盟通过资源整合和协同合作，显著提升了市场效率和竞争力，同时也影响了市场集中度、运力分布、运价波动以及客户的选择。这种合作模式对航运业的发展具有重要意义。

## 07 班轮航线上配备船舶数量要考虑哪些因素？

班轮航线上配备船舶数量的决策是一个复杂的优化问题，需要综合考虑市场需求、船舶往返航次时间与发船间隔期、船舶载重与舱容、港口装卸及操作效率、市场竞争、法规与环保要求以及风险管理等多方面因素。

在班轮航线开设运营前，需要对班轮航线经济性和技术性进行可行性论证，初步确定出航线配船数；班轮航线运营后，随着市场条件的变化如货运需求波动、油价波动、船价变动等，需要适时调整班期及配船数量。

航线的货运量是决定船舶数量的关键因素。航线经济性论证阶段要充分预测市场需求，运营阶段要跟踪需求变化，使得航线船舶配备数量和市场货量相匹配。如某些航线的货运量存在明显

## 第五章 航运组织与营运

的季节性波动。例如，圣诞节前的购物季通常会导致从亚洲到北美和欧洲的货运量大幅增加。航运公司需要根据季节性需求调整船舶数量。

港口的装卸效率和停靠时间也会影响船舶的周转速度。高效的港口操作可以减少船舶的停靠时间，提高船舶的利用率以减少配船数量。此外，国际海事组织的公约和法规对船舶的运营和管理提出了具体要求，航运公司需要确保船舶数量的配备符合这些要求。

船公司往往会根据市场竞争对手的情况，先人为设定好发船间隔期（在竞争激烈的班轮市场中，发船间隔期往往是衡量班轮公司服务水平和运营效率的重要指标），再据此得出航线需配船舶数。

综上所述，班轮航线上的船舶配备数量受市场需求、航线特征、船舶特性、运营成本、竞争环境及外部政策等多重因素影响。合理配置船舶数量，不仅能够优化船公司的运输效率，还能提升服务质量，实现经济效益和服务水平的最佳平衡。

## 08 班轮运输经常使用的航运单证主要有哪些？

在班轮运输中，常用的航运单证主要包括以下几类：

**托运单（Booking Note，B/N）** 是托运人根据买卖合同和信用证条款向承运人或其代理人提交的书面凭证，用于预订舱位并说明货物的详细信息。托运单通常包括货名、件数、包装、标志、重量、尺码、装货港、目的港、装船期限等内容。

**装货单（Shipping Order，S/O）** 是承运人或其代理人签发给托运人的单据，指示船长接收特定货物装船的命令。它也是托运人向海关申报出口的主要单据之一，俗称"关单"。

**收货单（Mate's Receipt，M/R）** 是大副签发的凭证，证明船舶已接收货物并记录了货物的状况和数量。托运人凭此单据换取已装船提单。

**提单（Bill of Lading，B/L）** 是承运人或其代理人签发给托运人的单据，证明货物已收归承运人照管，并承诺将货物运至目的港交付给收货人。提单是货物所有权的凭证，也是运输合同的证明。

**装货清单（Loading List，L/L）** 是船公司或其代理人根据装货单留底联编制的货物汇总清单，按目的港和货物性质分类。它是船舶大副编制积载计划的主要依据，也是海关监管的重要单证。

**货物积载图（Stowage Plan）** 是按货物实际装舱情况编制的舱图，用于指导船方进行货物运输、保管和卸货工作。它也是卸港理货、安排泊位和货物进舱的重要文件。

**舱单（Manifest）** 是全船载运货物的汇总清单，由船公司根据收货单或提单编制。它记录了货物的详细情况、装卸港、提单号、船名、托运人和收货人姓名等信息，作为船舶运载货物的证明。

**提货单（Delivery Order，D/O）** 是收货人凭正本提单或副本提单及有效担保向承运人或其代理人换取的单据，用于从港口装卸部门提取货物。

**运费清单（Freight Invoice）** 是承运人向托运人或收货人开具的费用清单，记录了运费、附加费和其他相关费用的明细。

**其他单证** 包括商业发票、保险单、卫生证书、检验检疫证书、动植物检疫证书、原产地证书。商业发票用于记录货物的买卖合同信息，是贸易结算的重要凭证；保险单是证明货物运输保险的凭证，用于保障货物在运输过程中的风险；卫生证书是用于证明食品、药品等卫生安全的文件，由海关或相关卫生部门签发；检验检疫证书是进出口商品检验、检疫机构签发的综合证书，用于证明货物符合检验检疫要求；动植物检疫证书是用于证明动植物及其产品符合检疫要求的文件，由海关签发；原产地证书是用于证明货物原产地的文件，用于享受关税优惠或满足进口国的原产地要求。

## 09 船舶所有权与船舶经营管理的关系是什么？

在航运实践中，船舶所有人和船舶经营人可以是同一人，也可以是不同的人。在实际运营中，这种安排取决于船舶所有人的需求、专业能力和法律要求。从专业管理上看，船舶经营人通常具备专业的航运管理经验和技术能力，能够更高效地管理运营船舶。从分散风险上看，船舶所有人通过委托经营，可以将部分运营风险转移给经营人，同时专注于船舶资产的保值增值。从法律与合规要求上看，在某些情况下，船舶所有人可能不具备运营资质（如无水路运输许可证），需要委托有资质的经营人来满足法律和监管要求。

因此，在一些情况下，船舶所有人直接经营船舶，负责船舶日常运营、管理以及货物运输等事务。他们直接参与船舶的经营决策，以实现对船舶运营的全面控制。在另一些情况下，船舶所有人将船舶经营管理权委托给专业的船舶经营人或管理公司。

## 10 什么是班轮船期表？编制的基本要求是什么？

班轮船期表是以表格形式反映船舶在空间上和时间上运行程序的计划文件，主要内容有航线、船名、航次编号、始发港、中途港、终点港的港名，以及到达和驶离各港的时间和其他有关的注意事项等。船期表的作用至关重要，主要包括：

**招揽货源** 为货主提供明确的运输时间表，便于其安排生产和物流。

**提高效率** 确保船舶、港口和货物之间的及时衔接，减少延误。

**优化运营** 帮助船公司合理安排船舶调度，提高航线运营效率。

运费收入或运营利润是被用作评价班轮船期表经济效果的指标。通过科学合理的船期表编制，班轮公司可以提高运营效率，增强市场竞争力，同时为货主提供更优质的服务。

船期表编制的基本要求如下：

**船舶的往返航次时间（班期）** 应是发船间隔的整倍数，以适应投入的船舶数量。

**船舶到达和驶离港口的时间** 应合理安排，避免在周末、节假日或夜间等非工作时间到达港口。

**船期表** 应具有一定灵活性，预留缓冲时间以适应外界条件变化所带来的影响。此外，船期表应尽可能方便船公司揽货，使船舶运营能够取得良好的经济效益。

## 11 集装箱运输管理中"箱位比"是什么?

在集装箱运输中,对班轮公司而言,除了需要配备一定规模的集装箱船舶外,还需拥有相应的集装箱资源以满足运输需求。箱位比是集装箱班轮公司持有的总集装箱箱量(集装箱按 TEU 计算的总数)与总集装箱船队运力(船舶箱位总数)的比值,是衡量和比较不同船公司集装箱管理水平和效率的一个重要参数。通过合理控制箱位比,航运公司可以优化集装箱和船舶的配置,确保集装箱的数量与船舶的运力相匹配,避免资源浪费。箱位比也常用于确定公司总体的集装箱造箱数量及规模。

## 12 租船业务中"一旦滞期,永远滞期"是什么意思?

"一旦滞期,永远滞期"(Once on Demurrage,Always on Demurrage)是租船业务中一项重要原则,其用于确定滞期时间的计算方式。当船舶因装卸货物超出合同规定的装卸时间而进入滞期状态后,滞期时间将连续计算,不再扣除节假日、周末或因天气等不可抗力因素导致的停工时间。这一原则的核心在于滞期费是对船舶延误损失的补偿,即使在滞期期间遇到无法装卸作业的情况,船东仍会因船舶滞留而遭受损失,因此租船人需支付相应的滞期费。

滞期时间的计算方式通常分为连续计算和非连续计算。连续计算即"一旦滞期,永远滞期",滞期时间不间断,节假日或天气原因导致的停工时间仍会被计入滞期时间。非连续计算则允许扣除节假日、周末及因天气等特定情况导致的停工时间。然而，在没有特别约定的情况下，租船合同通常默认采用"一旦滞期，永远滞期"的原则。这意味着一旦船舶进入滞期状态，租船人需支付的滞期费将基于连续计算的时间来确定。这一原则在租船合同中至关重要，直接影响船东和租船人之间的利益分配。船东通过收取滞期费补偿因船舶延滞产生的经济损失，而租船人则需在安排装卸作业时更加谨慎，以避免超出装卸时间而进入滞期状态。因此，在签订租船合同时，双方应明确滞期时间的计算方式，以避免因理解差异引发的争议。

## 13 航运企业降低船舶运营成本的方式通常有哪些？

在竞争日益激烈的航运市场中，降低船舶运营成本是航运企业提升盈利能力、增强市场竞争力的关键举措。航运企业降低船舶运营成本的方式及策略多种多样，以下四种方式尤为重要：

**燃油成本管理** 燃油成本在航运企业运营成本中占比颇高，有效管理可大幅降低成本。一是优化航速，由于航速与船舶油耗之间存在三次方非线性关系，所以较低航速能显著减少燃油消耗，进而降低运营成本。二是套期保值，企业借助期货市场锁定未来燃油采购价，抵御油价波动。比如，某航运公司预估未来数月需大量燃油，提前购入期货合约，成功规避油价上涨带来的成本增加。

**船舶维护与管理** 船舶维护管理直接关系运营效率与成本。预防性维护是定期检查主机、辅机等关键设备，降低故障概率。

例如，招商轮船安装先进管理系统，实时监控设备状态，提前安排维护，减少停机时间。数字化管理则利用大数据和人工智能技术，提升燃油效率与设备利用率。

**优化航线与港口操作**　合理规划航线和港口操作可减少在港时间与航行里程。优化航线设计需分析气象和海洋条件，选定最佳路线。港口操作优化旨在减少船舶在港停留时间，提高船舶周转效率。

**人力资源管理**　合理配置和管理人力资源能提升运营效率，降低人力成本。优化船员配置，要合理安排岗位，减少冗余人员。此外，应定期开展船员培训，提高操作技能和安全意识，以降低人为失误风险。

## 14 什么是船舶更新与船队规划？

船舶更新与船队规划是航运企业管理的重要战略环节，对提升竞争力和运营效率意义重大。

船舶更新是指随着时间推移，投入运营的船舶无论如何保养维修，都会因磨损、技术落后、政策变动或经济下滑等被淘汰，进而由新船更替。比如，用高效能新船替换老旧或性能不佳的船舶，能降低运营成本，提升燃油效率，减少环境污染，还能满足严格的国际法规要求。

船队规划是从宏观角度，依据市场趋势、企业战略和未来运输需求，制订船队长期发展计划。内容涵盖确定船队规模、船舶类型、航线布局，以及船舶购置、租赁或报废的时间安排。有效的船队规划助力企业应对市场波动，优化资源配置，在竞争中保持优势。比如面对全球贸易格局变化，企业可调整船队规模和船舶类型，聚焦高增长航线或特定市场领域。

船舶更新与船队规划紧密相连、相辅相成。船舶更新是实现船队规划目标的具体举措，而船队规划为船舶更新指明方向、提供依据。通过科学合理的船舶更新与船队规划，航运企业能提升运营效率、降低成本，增强对市场变化的适应能力，在复杂多变的航运市场中实现可持续发展。

## 15 哪些因素影响航运企业做出提前拆船决策？

拆船是航运企业优化船队结构、实现资源再利用的重要环节。航运企业在做提前拆船决策时，需综合考虑经济与环境因素，并受到多方面的影响。

**市场环境是关键因素** 航运市场运力过剩或全球经济增速放缓时，老旧船舶运营成本剧增，燃料费上涨、维修频繁，船东为减少亏损，更倾向于提前拆船止损。

**环保政策也影响着提前拆船决策** 《2009年香港国际安全和无害环境拆船公约》等国际法规实施后，拆船企业要达到更高环保标准，如严控污染物排放、规范危废处理，这可能会增加拆船成本，影响船东的具体拆船决策。

**船舶自身状况不容忽视** 老旧船舶维护成本高、燃油效率低，还可能不符合新环保和安全标准，例如尾气排放超标的船舶运营受限。当船龄增长、性能下降，继续运营经济性变差，提前拆船便成合理之选。

**技术发展同样影响提前拆船决策** 绿色拆船和自动化拆解技

术的进步,提升了拆船效率和资源回收率,让资源得到更充分利用,为船东提供更环保、经济的方案。

**经济因素是直接驱动力**　拆船成本与收益决定船东决策,当预计船舶未来运营内收益的折现值接近或等于当年拆船获得的残值收入时,船东可能会选择提前拆船。国际油价波动也会影响船舶运营成本,油价上涨时,老旧船舶运营利润压缩,会促使船东更倾向提前拆船。

总之,航运企业提前拆船决策需综合考虑市场、政策、船舶状况、技术和经济等因素,实现经济与环境效益的平衡。

## 16 邮轮船票特殊性体现在哪里?主要作用有哪些?

基于我国特有的以旅行社包销船票为主的邮轮市场经营模式,邮轮旅游形成了旅客、邮轮公司、旅行社三方之间颇为复杂的法律关系。一般来说,邮轮船票应当具备以下基本内容:承运人名称、船名、航次、起运港和到达港、舱室等级、票价、乘船日期、开航时间、登船表持有人信息等。

对于其中法律关系的界定历来存在争议。依据我国《海商法》第五章"海上旅客合同"对旅客客票的定义,旅客客票是海上旅客运输合同成立的凭证。旅客乘坐邮轮的目的在于海上旅游,邮轮公司为了缔约的简便,通常在邮轮船票中列出邮轮服务的项目和价格。可以认为,邮轮船票是旅客与邮轮公司之间服务协议的体现,它作为登船的凭证,确保旅客在支付相应的费用后,能够享受到邮轮公司所承诺的一系列服务。

此外,邮轮船票一般还包含起航前须知、旅客姓名及船票条

作者：赵大陆
作品：《迎送八方客——上海宝山邮轮港》（油画）
尺寸：428 厘米 ×230 厘米
时间：2017 年
收藏单位：上海中国航海博物馆

第五章 航运组织与营运

款等事项。载明旅客姓名的船票为记名船票,只能由该记名的旅客本人使用,不得任意转让。

在实践中,当发生法律纠纷时,由于对邮轮公司和旅行社的责任范围界定不清,双方往往互相推诿,不愿主动承担责任。船票作为邮轮公司和旅客之间合同关系的证明,一般记载了邮轮公司提供的服务内容及其相关信息。通过参照邮轮船票内容,可以帮助明确邮轮公司和旅行社各自承担的服务内容,从而划分两者各自的责任范围。

## 17 什么是邮轮无目的地航线或公海游航线?

邮轮无目的地航线,也被称作公海游航线,是独具特色的旅游航线。其显著特征在于,邮轮在整个航行过程中基本不靠岸,或者仅在出发地与目的地港口短暂停留,游客全程都在浩瀚的海洋上巡游。

邮轮无目的地航线的主要特点是无须靠岸、船上活动丰富以及手续简化。在邮轮上,游客能尽情参与各式各样的娱乐项目。喜欢热闹氛围的游客可以参加主题派对,享受欢乐时光;热爱海洋运动的游客,能够体验潜水、海钓的乐趣;而钟情于浪漫景致的游客,还能悠然欣赏海上的日出日落,满足不同游客的多元休闲需求。

在欧美地区的邮轮市场,无目的地航线早已发展成熟。近年来,随着我国政策的大力支持,这类航线也在国内逐渐兴起。2020年,海南获批开展无目的地航线试点,星旅远洋国际邮轮有限公司旗下的"鼓浪屿"号成为首个获批运营的邮轮,率先开启了国内无目的地航线的新征程。

无目的地航线优势明显，它不仅能满足游客多样化的旅游需求，有力推动邮轮产业发展，还极大简化了烦琐的出入境手续。无目的地航线为游客带来前所未有的海上旅游体验，也为邮轮行业开辟了可持续发展新路径。

## 18 航运组织运营中哪些活动需要进行风险管理？

航运业是一个资本密集型行业，在运营过程中面临着众多的风险，包括市场波动、自然灾害、安全事故以及政策变化等。在航运组织运营中，风险管理是确保航运企业安全、高效运营的关键环节。以下是一些需要进行风险管理的主要活动：

**船舶运营风险** 船舶运营是航运企业核心业务，涉及航行安全、设备维护、船员管理等。船舶可能面临自然灾害、技术故障、碰撞、火灾等风险。因此，航运企业需要制订严格的船舶维护计划、船员培训计划以及应急预案，以降低事故发生的概率。

**市场与经济风险** 航运市场受全球经济形势、油价波动、汇率变化等因素影响。航运企业需定期评估市场风险，通过灵活调整运力、优化航线布局、采用金融工具（如燃油期货、利率掉期）等方式对冲风险。

**法律与合规风险** 航运企业需严格遵守国际国内法律法规，如船舶排放标准、港口规定、劳动法规等。违规可能导致高额罚款和运营中断。因此，企业需建立完善的合规管理体系，定期进行内部审计。

**供应链风险** 航运企业是全球供应链的重要组成部分，需应

第五章　航运组织与营运

对供应链中断、港口罢工、贸易政策变化等风险。企业可通过建立多元化的供应链、加强与供应商和客户的合作、制订应急预案等方式来降低风险。

因此，航运组织运营中的风险管理涵盖船舶运营、市场与经济、法规、供应链等多个方面。随着航运数字化转型的加速，信息技术风险日益突出。企业需要加强网络安全防护，利用大数据、人工智能等技术提升风险管理效率。

# 19 航运产业链主要由哪些主体构成？

航运产业链是以贸易需求为导向，以贸易便利化为目的，在一定时间和空间下，由航运及相关企业依据特定经济关系联结而成的具有价值增值功能的关系网链。它涵盖了从货物起点到终点的整个运输过程，主体构成包括上游、中游和下游环节。

**上游环节**主要为航运业提供基础设备和原材料，包括船舶制造与维修、基础设施建设和原材料供应。船舶制造与维修涉及船舶的设计、建造、维护和修理；基础设施建设包括港口、码头、装卸设备等的建设和维护；原材料包括钢铁、船用设备材料等，对造船业至关重要。

**中游环节**是航运产业链的核心，主要负责货物的实际运输和相关服务，包括航运公司、货运代理、船舶代理、港口运营和航运服务。航运公司负责干散货、油品和集装箱等货物的实际运输；货运代理协助贸易商和航运公司进行货物安排、报关、保险等服务；船舶代理代表船东处理船只在港的事务；港口运营商提供船舶停靠、货物装卸、仓储等服务；航运服务包括船舶管理、航运保险、海事法律等，为航运提供全方位支持。

**下游环节**主要为航运业提供需求，包括贸易商和物流与仓储服务。贸易商作为航运需求的发起者，其贸易活动直接驱动航运需求；物流与仓储服务负责货物的内陆运输、仓储管理，确保货物从港口到最终目的地的顺畅流转。

## 20 航运在全球化中发挥的作用主要有哪些？

海运因其运量大、单位运输成本低等特点，具有其他运输方式难以比拟的独特优势。航运在全球化进程中发挥着至关重要的作用，主要表现在以下方面：

**航运是国际贸易的基石** 全球超过80%的国际贸易货物依赖海运，海上运输连接了世界各地的生产者和消费者。通过航运，原材料从资源丰富的国家运往制造业发达的国家，制成品则销往全球市场。这种高效、低成本的运输方式推动了国际贸易的规模化发展，促进了全球经济增长。

**航运是全球供应链的核心支撑** 现代航运网络覆盖全球主要港口，确保货物能够及时、准确地运输。航运的高效性和可靠性保障了全球供应链的顺畅运行，支持了跨国企业的生产和运营。

**航运对区域经济发展起到重要推动作用** 港口城市通常成为区域经济中心，吸引大量投资和提供更多就业机会。例如，新加坡和香港作为国际航运枢纽，不仅繁荣了港口业务，还带动了金融、物流、贸易等相关产业的增长。同时，航运也促进了沿海与内陆地区的经济联系。例如，我国的长江经济带通过内河航运将沿海经济活力延伸至内陆，推动了区域经济协调发展。

**航运在文化交流中扮演重要角色** 历史上,航海探险通过航运促进了不同文明的交流与融合。现代航运则通过邮轮旅游,推动了不同国家和地区的文化交流。

总之,航运在全球化中发挥了多方面的关键作用。它不仅是国际贸易和全球供应链的支柱,还推动了区域经济发展和文化交流。通过航运,世界各国更加紧密地联系在一起,共同推动了全球经济与社会的进步。

# 第六章　航运市场与价格

航运市场与全球贸易和宏观经济紧密联系，承载着资源配置与价值交换的核心职能，其发展历程可追溯至 18 世纪与 19 世纪之交。从单船个体贸易到现代高度专业化的综合性航运市场，逐步形成涵盖货运、客运、金融衍生品等多维度的复杂结构。市场价格波动不仅反映供需关系的动态平衡，更与全球经济、地缘政治、技术创新等因素深度交织。现代航运市场构筑的运价指数、远期运费协议等衍生品工具实现对市场波动的风险管理和市场供给的价值发现，航运市场与价格的形成机制支撑着国际航运物流供应链的稳定发展。

本章从航运市场构成、运价指数、成本结构、定价方法等维度展开系统解析，结合经典案例与前沿实践，揭示航运市场运行规律。通过知识问答的形式，旨在帮助读者深入理解航运市场的运作逻辑、价格影响因素及风险管理策略，为把握行业趋势、参与市场决策提供理论支撑与实践参考。

上海航运交易所
上海航运交易所　供图

第六章 航运市场与价格

## 01 国际航运市场是如何构成的？

航运市场根据服务对象和范围的不同，可分为货运市场和客运市场。由于货物种类繁多，对运输服务的要求各异，货运市场可进一步细分。

**根据运输货物的不同**，货运市场主要分为集装箱和散杂货运输市场。其中，散杂货中的散货又可细分为干散货和液体散货。干散货运输占海运总量 40% 以上。铁矿石、煤炭、粮食等运量大的货物称为大宗干散货，而铜矿等运量较小的货物称为小宗干散货。液体散货市场则主要包括原油、成品油、液化石油气、液化天然气等细分运输市场。杂货即件杂货运输市场主要包括普通件杂货和重大件运输，普通件杂货（如钢材、机电设备等）一般以"件""箱""捆"等形式托运。

**根据营运方式的不同**，航运市场又可分为班轮运输市场和不定期船运输市场。班轮运输主要适用于集装箱货物，提供定时、定港的标准化服务，常与多式联运结合，确保货物准时到达。不定期船运输则更为灵活，主要包括航次租船、定期租船和光船租船等形式。航次租船适用于大宗散货，租船人支付运费完成特定航次；定期租船则租用船舶一定期限，租船人负责运营和管理；光船租赁则由租船人完全负责船舶的运营和管理。

## 02 全球交易航运产品的交易所有哪些？

全球交易航运产品的交易所主要有：

**波罗的海航运交易所**成立于1744年，总部位于伦敦，是全球最著名的航运市场数据与指数提供商之一。2016年被新加坡交易所收购后，仍以独立实体运营并在伦敦保持总部职能。它以发布权威的航运运价指数而闻名，尤其是波罗的海干散货运价指数（BDI），该指数覆盖好望角型、巴拿马型和灵便型等主要干散货船运输市场，成为全球干散货航运市场发展和变化的晴雨表。

**新加坡交易所**成立于1999年，是亚洲重要的航运衍生品交易平台，通过其清算部门为远期运费协议（FFA）等产品提供中央对手方清算服务。新加坡作为全球航运中心，依托海事及港务管理局的政策支持，吸引了国际航运企业及金融机构，其航运金融创新（如区块链提单、绿色船舶融资）为全球市场提供了重要参考。

**上海航运交易所**成立于1996年，是中国唯一的国家级航运交易所，旨在支持上海国际航运中心的建设。它不以营利为目的，致力于规范航运交易行为、维护市场公平和沟通航运信息。上海航运交易所发布了多个具有影响力的航运指数，如上海集装箱出口运价指数、远东干散货指数和中国进口干散货运价指数。

**日本海运交易所**成立于1921年，总部位于东京，侧重于海事法律服务，将国际上先进的海运合同文本引用到日本，并在所有航运合同范本中制定在日本东京海事仲裁委员会仲裁的标准仲裁条款，有力地推动了日本海事仲裁的发展。它在船舶交易和航运金融方面具有一定的影响力，同时注重航运市场的信息化建设，通过提供及时准确的航运信息，帮助航运企业更好地把握市场动态。

**纽约航运交易所**成立于2015年，并在2016年正式启动运营，是北美地区重要的航运交易场所。它在航运金融和航运保险

第六章 航运市场与价格

领域具有较强的竞争力,为美国及全球的航运企业提供服务。纽约航运交易所还与纽约商品交易所等金融机构合作,推动航运衍生品交易的发展,为市场参与者提供了多样化的金融工具。

## 03 什么是航运运价金融衍生品?

航运运价金融衍生品是指以航运运力、运价相关指数作为交易标的,以期货、期权、远期协议和掉期(互换)等作为交易合约模式的金融工具。对于航运相关企业而言,航运金融衍生品是运价风险管理工具,有助于企业科学安排生产经营和制订战略规划。

全球进行航运衍生品交易的场所主要有新加坡交易所(SGX)、欧洲能源交易所(EEX)、芝加哥商业交易所(CME)、洲际交易所(ICE)和上海国际能源交易中心,合约类型包括期货、期权和远期运费协议。芝加哥商业交易所(CME)和新加坡交易所(SGX)分别在2022年和2023年推出了集装箱运价指数期货,上海国际能源交易中心于2023年8月18日上市集运指数(欧线)期货。

## 04 全球航运运价指数主要有哪些?

在国际航运市场中,运价指数是描述市场动态的重要工具,其本质都是通过量化运价波动来反映市场供需变化,为行业参与者提供市场风向标。国际航运运价指数主要包括国际干散货航运运价指数、国际油轮运价指数、国际集装箱运价指数，这些指数在航运经济中扮演着关键角色，帮助企业和投资者更好地理解航运市场发展趋势并做出决策。

波罗的海干散货运价指数（BDI）是综合好望角型船、巴拿马型船、大灵便型船的平均航线租船日租金并乘以权重后加总，再进行指数化处理而得出的

**波罗的海好望角型船运价指数（BCI）**反映全球典型航线的好望角型散货船市场租金变化。

**波罗的海巴拿马型船运价指数（BPI）**反映全球典型航线的巴拿马型散货船的市场租金变化。

**波罗的海大灵便型船运价指数（BSI）**反映全球典型航线的大灵便型船的市场租金变化。

**波罗的海小灵便型船运价指数（BHSI）**反映全球典型航线的小灵便型船的市场租金变化。

国际油轮运价指数是衡量油轮运输市场行情的重要指标，它反映了油轮运输成本的变化，反映油轮运价的指数主要有：

**波罗的海原油运价指数（BDTI）**衡量原油运输市场的行情。

**波罗的海成品油运价指数（BCTI）**衡量成品油（如汽油、柴油）运输市场的行情。

BDTI 和 BCTI 反映实时市场运价，而 WorldScale（WS）指数是市场运费与 WS 基准费率的百分比。WS 基准费率每年调整一次，通常在每年 11—12 月公布下一年度的费率表。相比之下，BDTI 和 BCTI 更侧重于衡量市场整体行情和趋势。

集装箱运价指数用于衡量全球集装箱运输市场价格变动，主要包括以下几种：

**波罗的海运价指数（FBX）**由 Freightos 公司提供，是反映全

球多条海运集装箱航线即期运费的综合指数。

**中国出口集装箱运价指数（CCFI）**是反映中国出口集装箱运输市场运价变动趋势的核心指标，涵盖了中国主要港口至全球主要航线的集装箱运价，包括欧洲、美西、美东、地中海、澳新和东南亚等多条航线。

**上海出口集装箱运价指数（SCFI）**反映上海出口集装箱即期运输市场运价变化，具体包括15条分航线市场运价和综合指数。

除SCFI和CCFI外，上海航运交易所在集装箱运价领域还发布上海出口集装箱结算运价指数（SCFIS）以反映上海出口集装箱即期海运市场结算运价的变动；发布东南亚集装箱运价指数（SEAFI）以反映上海出口至东南亚基本港的集装箱即期运输市场运价变化。

## 05 航运需求和供给的主要特点有哪些？

航运需求与供给是决定航运价格的核心因素，其根本关系在于供需之间的动态平衡。

航运需求具有独特的派生性、网络性和完整性特点，这些特点深刻影响了航运市场的运作和发展。

**派生性** 航运需求主要是派生需求，即由其他商品或服务的需求所引发。例如，航运市场的货运需求来源于国际贸易需求，国际贸易的繁荣与否直接决定了航运需求的规模和变化趋势。

**网络性** 航运具有鲜明的网络化特征，两地间的航运需求必然归结到特定的海上航线或区域航运网络上。这种网络性特点使得航运需求与航运网络的布局和效率紧密相联。

**完整性** 航运需求的完整性特点体现在需求方希望获得从出发地到目的地的全过程服务,而航运供给通常依赖于港口等基础设施,提供的是港至港服务。这种供需之间的矛盾为航运服务的不断发展和完善提供了空间。

航运供给则是指在一定时期内,航运服务供给者在不同运价水平下能够提供的航运服务量。航运供给具有以下显著特点:

**不可存储性** 航运供给所提供的是货物或旅客的空间位移服务,这种服务具有即时性,生产与消费同时进行,无法像有形商品一样储存起来。

**网络性** 航运供给依托于由港口和海上航线构成的航运网络,航运网络是航运业的基础设施和核心要素。不同航运公司之间的竞争本质上是其航运网络的竞争,这一特点在集装箱运输中尤为明显。

**不完整性** 航运供给受限于基础设施条件,通常只能提供港到港的运输服务,而无法满足从出发地到目的地的全程服务需求。从出发地到港口以及从港口到目的地之间的运输需要依赖公路、铁路等其他运输方式。因此,航运供给相对于门到门的运输需求具有不完整性。

**准公共产品性** 航运供给具有准公共产品的特性,介于纯粹公共产品和私人产品之间。航运供给在非竞争性和排他性之间保持平衡,既服务于众多用户,又因基础设施和资源的有限性而存在一定排他性。此外,航运业对经济、社会和环境产生广泛的外部性。港口和航道等基础设施建设及形成的功能不仅推动区域经济发展,还能带动相关产业繁荣,但也可能对生态环境造成影响。

**供给的不平衡性** 航运供给的不平衡性主要指运输船舶运力在时间、空间及结构上的分布不均,导致某些区域航线或时间段上的船舶运力过剩或不足。时间分布不平衡体现在旺季运力紧张（如圣诞节跨太平洋和西行航线上船舶运力需求旺盛），淡季运力闲置；空间分布不平衡体现在主要贸易航线上（如亚欧、跨太平洋航线）运力配置密集，而次要航线（至非洲、南美）运力相对匮乏；结构不平衡体现在集装箱船、散货船、油船等船型需求与供给数量上的不平衡。

## 06 影响航运需求和供给的主要因素是什么？

航运需求受世界经济、国际贸易、运价、航运成本和突发事件五个关键因素影响。航运需求作为派生需求，受到世界经济与国际贸易的直接影响。

**世界经济** 世界经济发展与航运需求紧密相连。在货运上，世界经济发展推动全球贸易增长，带动货运需求；客运方面，经济发展带来游客数量上升，增加客运需求。经济高速增长时，原材料和产成品交易量增加，航运需求上升；经济衰退时则相反。而且，经济发展不平衡造成航运需求流向和流量不平衡，经济快速增长区域航运需求往往更大。

**国际贸易** 国际贸易对航运需求的影响体现在多方面。国际贸易格局改变会影响航运需求。例如，在石油运输领域，20世纪60年代原油出口国集中在中东地区。然而到了70年代，随着阿拉斯加和北海地区石油产地的开发，这些地区由于更接近市场，成为欧美地区的主要石油进口地，这曾一度导致中东地区石油航运需求减弱。再如，近年来受地缘政治影响，俄罗斯石油出口目的地主要转向印度和中国，运输距离也因此显著增加。产业布局、经济政策和贸易政策等影响地区贸易格局，进而影响航运需求。

**航线距离** 航运需求通常以货物运输量和航线距离的乘积，即吨海里为单位进行计算，在同等运量条件下，航线距离越长，航运需求量就越大。

**航运成本** 航运成本直接影响航运企业运营决策和市场竞争力，成本升降会影响航运定价，进而影响货运需求。

影响国际航运供给的因素有运力规模、营运效率、运价水平、突发事件和其他因素。

**运力规模** 运力规模是航运供给的基础，由船舶数量、船队规模和新船订单量决定。新造船订单增加会提升未来运力，而船舶进坞维修或拆解则会减少运力。

**营运效率** 营运效率直接影响实际运力供给。船舶航速、载重吨位利用率和全年运营天数是关键因素。例如，船舶减速航行或港口拥堵导致的停泊时间延长都会降低营运效率。

**运价水平** 运价水平影响航运企业的运营决策。运价上升会刺激企业增加运力，如恢复封存船舶或加快新船交付；运价下跌则可能导致船舶封存或拆解。

**突发事件** 突发事件对航运供给影响显著，如2024年红海危机使船舶绕行好望角，航程延长、运力紧张、运费上涨。

**其他因素** 政策法规、地缘政治和自然条件等也会显著影响航运供给，如：2023年巴拿马运河水位下降延长船舶周转期，改变市场供需平衡，促使企业调整供应链策略；政府补贴可增加运力；地缘冲突可能导致船舶绕行；港口基础设施不足或恶劣天气则会限制供给能力。

## 07 国际干散货运输市场和国际集装箱班轮运输市场的典型特征有哪些？

国际干散货运输市场以铁矿石、煤炭、粮食等初级产品为主要运输对象，具有运输量大、季节性强的特点。干散货运输市场集中度低，承运人分散，近似完全竞争市场，导致运价波动剧烈，尤其在即期市场中，船公司和承租人都面临较大风险。干散货的运输方式主要为不定期船的点对点运输，航速较慢，船舶运营管理要求相对较低。

相比之下，国际集装箱班轮运输市场主要承运机电产品、家具、家电、玩具等制成品和半制成品，运输需求较为稳定。该市场集中度高，形成了稳定的航运联盟，有助于维持价格稳定。集装箱运输方式以班轮运输为主，具有固定的发船日期、频次、挂靠港和目的港，船舶运营管理要求较高，投资规模大。

## 08 航运企业的成本主要有哪些？

航运企业的成本主要包括船舶成本、运营成本、管理成本以及其他成本等。

船舶成本主要包括：

**购置成本**　购置成本是购买船舶的费用，是航运企业的一项重大开支。船舶的购置价格取决于船舶的类型、吨位、建造工艺、船龄等因素。

**船舶折旧**　船舶折旧费用是航运企业成本的重要组成部分，

它反映了船舶资产的损耗和价值转移。

**船舶维修保养成本** 为了保证船舶的正常运行和适航性，需要定期对船舶进行维修和保养。维修保养成本随着船舶使用年限的增加而逐渐上升。

运营成本主要包括：

**燃油成本** 燃油是船舶运行的主要动力来源，燃油成本在航运企业的运营成本中占比较大。燃油价格的波动会直接影响航运企业的成本和利润。

**港口使费** 港口使费是船舶在港口停靠时需要支付各种费用，包括港口装卸费、引航费、停泊费、吨税等。

**船员薪酬及福利** 船员是船舶运营的关键人员，航运企业需要支付船员的工资、奖金、福利、保险等费用。

**物料及备件成本** 船舶在运营过程中需要消耗各种物料和备件，如润滑油、油漆、缆绳、机器设备的零部件等。

管理成本主要包括：

**办公费用** 办公费用包括航运企业总部及各分支机构的办公场地租赁、办公设备购置、水电费、通信费等费用。

**管理人员薪酬** 支付给企业管理人员的工资、奖金、福利等费用。

**营销费用** 为了开拓市场、争取客户，航运企业需要投入一定的营销费用，如广告宣传、参加航运展会、客户拜访等费用。

**培训费用** 为了提高船员和管理人员的业务水平和技能，航运企业需要定期组织各种培训活动，培训费用包括培训师资、教材、场地等费用。

其他成本主要包括：

**保险费用** 航运企业需要为船舶、货物、船员等购买各种保险，以降低运营风险。保险费用包括船舶保险、货物运输保险、船员人身意外伤害保险等。

**财务费用** 如果航运企业通过贷款等方式筹集资金，需要支付利息等财务费用。

**环保成本** 船舶的环保改造、污水处理、废气排放控制等费用，以满足环保法规要求。

## 09 影响航运成本的因素主要有哪些？

航运成本受多重因素影响，这些因素相互交织，共同塑造了航运市场的成本结构。从经济层面看，全球经济周期波动直接影响航运需求。经济扩张期贸易量增加推高运价，而经济衰退则导致需求萎缩和运价下跌。运营成本方面，燃料支出占比最大，其价格波动对成本影响显著；同时，劳动力成本、船舶维护费用和安全投入也是重要组成部分。

**市场供需关系是决定航运成本的核心要素** 当运力供不应求时，运价上涨；反之则下降。集装箱供应状况直接影响运输效率，短缺时期会导致成本显著上升。港口基础设施的现代化程度和装卸效率同样关键，高效的港口运营能够减少船舶滞港时间，降低整体成本。

**政策法规对航运成本的影响日益凸显** 各国政府加强了安全和环保监管要求，迫使航运企业投资清洁技术和安全设备，这增加了运营成本。国际海事组织的环保新规更是推动了行业技术革新。此外，地缘政治风险和贸易政策变化也会影响航线安排和保险费用，进而引起运输成本的增加。

**自然条件是不可忽视的外部因素** 恶劣天气不仅增加航行风险，还可能导致港口停运和货物损失，增加保险费用。同时，现代船舶通过提升装载效率和燃油经济性，在一定程度上抵消了自然条件带来的成本压力。技术创新，如智能航运系统和新能源船舶的应用，正在重塑成本结构。

## 10 航运定价方法主要有哪些？

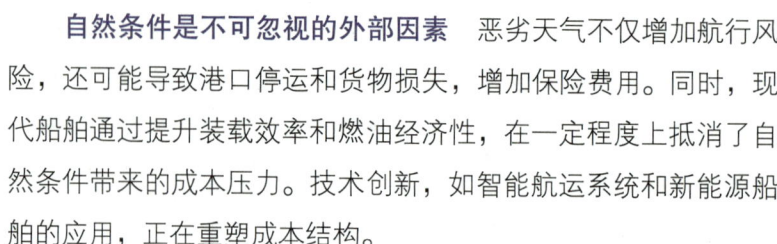

航运定价是依据成本、供需和竞争等因素，制订海运运费率或租金费率的过程。航运定价主要有以下几种方法：

**成本导向定价法**是根据船舶运营管理成本来确定运价或租金费率。其核心是先计算运输总成本和总运量，得出单位运输成本，再在此基础上增加一定比例的利润，从而确定运价或租金。此方法计算简单、公平，能补偿企业成本并获取合理利润，且易于被货主或承租人接受，同时也有利于企业通过降低成本、提高服务质量等方式开展竞争。不过，它在市场经济中存在一定局限性，如难以反映未来成本情况，确定合理利润比例时也缺乏充分依据。

**需求导向定价法**是依据货主或承租人对航运服务的需求来制订运价或租金。它不仅考虑航运供需平衡，还包括服务质量要求。当供不应求时，运价或租金会上升；反之则下降。此外，服务质量高、货物价值高及销售价格好等因素也会使运价或租金提高。此方法通常通过市场调研收集信息，以定性分析结论为依据，同时参考货物价值与销售价格的关系。

**竞争导向定价法**是根据竞争对手的运价水平来确定自身运

价或租金。航运企业会根据自身在市场中的实力调整运价或租金参与竞争。一般有三种类型：一是与竞争对手运价或租金水平一致，多为防止激烈竞争造成损失或垄断市场；二是略高于竞争对手价格，但需在服务质量上有优势；三是低于竞争对手价格，可能是由于企业实力雄厚试图垄断市场，或企业处于起步阶段希望通过低价吸引客户。

## 11 什么是均衡运价？

均衡运价是运输市场供需平衡时的价格体现，它由运输服务的供给和需求共同决定。当运价处于均衡水平时，运输服务的供给量与需求量相等，市场达到相对稳定状态。当实际运价高于均衡水平时，供给过剩导致竞争加剧，促使运价回落；反之，当实际运价低于均衡水平时，需求过剩推动运价上涨，直至恢复均衡。这种动态调整机制确保了运输市场的自我平衡能力。

均衡运价在运输市场中扮演着关键角色，它不仅保障运输企业获得合理利润，也确保货主或旅客能够以适当价格获得所需服务，从而实现资源的有效配置。然而，均衡运价并非一成不变，它会受到运输成本、市场竞争、政策法规等多重因素的影响而产生波动。因此，运输企业和相关管理部门需要建立动态监测机制，及时捕捉市场变化，制订灵活的运价策略。通过科学的运价调控，既可以维护运输市场的稳定运行，又能促进运输行业的可持续发展，最终实现运输服务供给方与需求方的双赢局面。

## 12 班轮运费通常由哪些构成？

班轮运费是班轮公司为运输货物而向货主收取的费用，其构成主要包括基本运费和附加运费。基本运费是从装运港到目的港的基础费用，通常根据货物的重量吨或尺码吨（体积吨），或者两者较高者来计算，对于某些货物，可能还会按价值来计费。基本运费的形式多样，包括普通货物运价、个别货物运价、等级运价、协议运价、集装箱运价等。在实际业务中，大都采用等级费率表，即不同的商品有不同的基本费率，同一等级的商品按同一费率计收。

附加运费则是对一些需要特殊处理的货物、突发事件的发生或客观情况变化等原因而需另外加收的费用。常见的附加费包括燃油附加费、港口拥挤费、超重附加费、超长附加费、选择卸货港费、港口附加费、直航附加费、转船附加费、货币贬值附加费等。这些附加费通常以基本运费的百分比计收，或以每运费吨费率计算。

## 13 影响航运市场运价波动的因素有哪些？

航运运价受多种因素影响，并随着市场的变化而波动。这些因素包括：

**航运市场结构** 航运市场可以根据市场参与者的数量和市场准入的难易程度表现出不同的竞争程度，不同的市场结构要求航运企业制订不同的运价策略。

第六章 航运市场与价格

**世界经济和供需关系** 航运需求是全球经济贸易的派生需求,受全球经济环境影响,货运需求和运力供应的变化会导致运价的上升或下降。

**运输成本** 运输成本包括资本成本、营运成本和航次成本,这些成本的高低会直接影响运价的定价。

**货物种类及数量** 不同的货物对船舶的要求和载运能力的利用率不同,因此有不同的运价标准;货物的特殊性和风险性可能也会增加运输成本,从而影响运价。

**航线距离及港口条件** 船舶的航线距离、航区的自然状况、加油港的油价、回程货的有无等都会影响对应运价的收益;目的港的地理位置、水深、潮汐、港口费用、装卸效率、拥挤程度、管理水平等都会影响运价的成本。

**时间及其他因素** 货物的紧急程度、运输合同的条件、季节性产品、地缘政治因素、自然灾害和意外情况等都会造成航运运价的波动。

## 14 为什么说集装箱班轮运输业是资本密集型产业?

集装箱班轮运输业是国际海上货物运输产业的重要组成部分,其依赖大量的资本投入,包括船舶、港口、技术和运力等,以保证运输的效率、安全和竞争力。集装箱班轮运输业的回报周期较长,并面临全球市场的挑战,因此被认为是资本密集型产业。具体来看:

**高昂的资本投入** 船舶、港口设施,以及相关的物流基础设施需要大量的资本投入。购买、建造和维护大型集装箱船舶是一

航运基础知识问与答

项成本高昂的事业,而集装箱港口和码头的建设与维护也需要巨额资金。这些资本投入是集装箱班轮运输业长期发展和保持竞争力的基础。

**技术升级与维护** 集装箱船舶采用先进的技术和航运设备,需要不断进行技术升级和维护,提高效率并符合国际标准和法规,以确保船队船舶的先进性保持在行业前列。

**满足大规模运力需求** 为了适应全球贸易运输需求,集装箱航运业需要建立和维持庞大的船队,因此需要配备大量集装箱船舶,要求企业投入大量资本,以形成规模经济。

**长周期回报** 集装箱班轮运输业的投资回报周期相对较长,从港口建设、船舶建造或购买,到运营盈利需要数年乃至几十年。

**全球市场竞争** 集装箱航运业务通常在全球范围的竞争性市场中进行,要求企业具备足够的资本实力,并采取有效的运营管理和市场策略,以应对不断变化的市场和国际竞争对手的挑战。

## 15 什么是航次估算?主要内容是什么?

航次估算是航运业务的核心,它全面计算与评估船舶单航次的成本和利润,以此判断航次的可行性与盈利能力。

航次估算涵盖多方面综合评估。航线港口信息方面,要明确船舶的起止点与中途停靠港,算出总航程距离。船舶信息方面,船舶类型、吨位、航速、燃油消耗率等,都是重要估算依据。货物信息方面,货物类型、重量和价值直接影响运费收入和保险费用。收入估算含运费、附加费及其他收入,成本估算则囊括燃油、港口、船员、维护修理、保险及其他运营成本。时间估算也必不可少，包括航行、装卸和等待时间。

航次估算旨在通过计算分析，评估航次经济可行性与盈利能力，对比收入与成本，确定利润潜力。比如：运费收入依据货物重量和运价算出，燃油成本依据航程、燃油消耗率和燃油价格估算，总成本是各项成本之和，用收入减去总成本就得出航次利润。这一过程既助力航运公司评估单航次经济效益，又为长期运营策略提供数据支撑。

总之，航次估算是航运业务不可或缺的部分。通过综合考量航线、船舶、货物、收入和成本等因素，为航运公司提供全面经济评估。凭借精确的航次估算和结果比较，船舶经营人能选出最优航次，优化运营决策，提升经济效益。

## 16 航运市场预测具有哪些特性？通常要遵循哪些原则？

航运市场预测是航运业务的核心环节之一，用以帮助航运企业合理进行航运投资和运力布局。航运市场预测具有以下特性：航运市场预测需要基于科学的理论和方法，通过对历史和现实数据的分析，发现市场发展的内在规律，从而推断未来趋势；需要预测者凭借经验和判断，对复杂多变的市场因素进行综合分析。由于市场受多种因素影响，预测结果具有近似性和局限性，无法做到绝对准确。

航运市场预测遵循的原则包括：连续性原则强调市场变化遵循一定规律，未来市场状况与过去和现在紧密相关；大样本原则要求在预测时选取足够大的样本容量，以确保预测精度；模拟原则指出可以通过建立模型来模拟市场变化；测不准原则提醒企业由于市场的复杂性和随机性，预测不可能完全准确，需要不断修正模型。

## 17 远期运费协议是什么？如何利用其进行套期保值？

远期运费协议（Forward Freight Agreement，FFA）是一种用于管理航运运费风险的金融衍生工具。FFA允许买卖双方在当前约定未来特定时期的运费价格进行交易，并基于波罗的海交易所发布的运价指数进行差额结算。这种协议不涉及实际货物运输，而是通过锁定未来运费价格，帮助航运企业及相关利益方规避运费波动风险，稳定运营成本和收益。

FFA的核心功能是套期保值。船东或货主通过签订FFA合约，能够在当前时间点锁定未来特定时期内的运费价格，无论市场行情如何变化，双方都必须按照合约约定的价格进行结算。例如，船东担心未来运费下跌，可以通过卖出FFA合约锁定收入；而货主担心运费上涨，则可以通过买入FFA合约锁定成本。FFA市场与实际航运市场的运费波动存在紧密的反向关联。当实际运费下跌时，FFA合约价格通常也会下降，船东在实际运输业务中收入减少，但在FFA市场上可以通过反向的买卖合约平仓获得盈利，从而对冲损失。反之，当运费上涨时，货主在实际运输中成本增加，但其买入的FFA合约会升值，通过平仓也能获得收益。

# 第七章　航运服务与法规

　　航运服务与法规是现代航运业的重要支持体系，保障船舶、港口与货物有效融合和规范管理，直接决定了行业的运营效率与竞争环境。从早期的简单运输协调和口头承诺，到如今涵盖海运技术、航运金融、海事法律等多元领域，形成了高度专业化、国际化、多样化的服务与法规体系。随着国际航运中心城市的崛起与高端航运服务能力的跃升，航运服务与法规日益成为全球航运治理体系变革和资源配置的关键支撑力量。

　　本章通过系统的知识问与答，深入解析航运服务与法规的主要业态、服务框架、市场工具及国际实践，旨在帮助读者全面把握航运服务与法规的运行与发展，为参与航运业的实践或研究提供基础。

IMO 总部《国际海员纪念碑》

第七章 航运服务与法规

## 01 主要的国际航运中心城市有哪些？各有哪些特点？

国际航运中心城市是以港口为发展基础的城市，依托逐步发达的航运及物流向高端航运服务等综合功能发展，实现在全球范围内高质量配置航运资源，其特点包括港口设施先进、物流网络完善、航运服务高端、政策环境开放、航运人才集聚，并具备国际公认的资源配置能力。全球领先的航运中心呈现"东西并进"格局，亚洲城市崛起明显，如新加坡、香港、上海等，欧洲老牌航运中心城市（如伦敦）依托高端航运服务继续保持领先地位。

**伦敦——高端航运服务引领型航运中心** 伦敦作为传统高端航运服务中心，虽无大规模港口吞吐量，但以航运金融、保险、法律和海事仲裁等高端航运服务业为核心竞争力，法律与仲裁服务全球第一，国际航运规则制定的话语权强。

**新加坡——综合枢纽型、中转型航运中心** 新加坡凭借战略地理位置、高效的枢纽服务能力、便利的中转服务能力、自由港政策和成熟的航运生态系统，尤其在船舶管理、燃油供应和海事仲裁等方面领先，成为全球航运服务的标杆城市。

**上海——崛起中的全要素资源配置型航运中心** 上海依托世界最大的集装箱枢纽港和世界级航空枢纽港，持续推进现代航运集疏运体系、现代航运服务业能级提升，推动航运数字化、智慧化、绿色化转型，航运发展环境优越，正在加速向全球领先的全要素资源配置型航运中心转型升级。

**香港——自由港政策下的航运服务中转型航运中心** 香港依托自由港政策和国际金融中心地位，以中转贸易和高端航运服务如船舶注册、船舶融资、海事仲裁见长,香港已成为亚洲区域航运资金结算中心和融资中心,也是全球主要的船舶注册地之一。

## 02 航运领域常见的国际组织有哪些？主要功能是什么？

**国际海事组织（IMO）**是联合国负责海上航行安全和防止船舶造成海洋污染的一个专门机构,总部设在英国伦敦,其宗旨为促进各国的航运技术合作,鼓励各国在促进海上安全、提高船舶航行效率、防止和控制船舶在海洋污染方面采用统一的标准,以及处理有关的法律问题等。

**波罗的海国际航运公会（BIMCO）**是全球最大的国际航运协会,致力于维护航运市场秩序、保护会员利益,并推动全球航运业的可持续发展与创新。其主要职能包括制定和推广标准合同与条款、提供法律与合同支持、开展行业培训与教育、进行市场研究与分析、代表会员进行政策倡导与游说、提供信息服务、推动环保与安全标准,以及促进国际合作与交流。

**国际海运联合会（ISF）**是一个船东组织,在有关海员雇佣和安全的所有问题上代表船东的利益。其主要为会员提供和交流最新的海员雇佣情报,根据海员的雇佣发展情况提出和协调各国船东的意见,在讨论处理海员问题的国际论坛上,代表会员的利益与各国政府和工会商洽。

**国际航运公会（ICS）**是由来自全球的众多船舶所有人和经营人所组成的全球商会。国际航运公会成员来自40多个国家和地区,主要包括亚洲、欧洲、美洲和非洲等地。基于这种独特的结构,国际航运公会代表着全球80%以上的商用船队。国际航运

## 第七章　航运服务与法规

公会成立的宗旨是为了保护本协会内所有成员的利益，就互相关心的技术、工业或者商业等问题交流思想，通过协商达成一致意见，促进共同合作。

**国际海事委员会（CMI）**是1897年成立于比利时安特卫普的非政府间国际组织，主要职能是促进国际海事法律的统一与现代化，通过研究、起草和推广海事法律公约与标准，解决全球航运业中的法律问题。国际海事委员会与其他国际组织（如国际海事组织）合作，推动海事法律的协调与实施，为各国海事法律专家提供交流平台，致力于维护航运业的公平性、安全性和效率。

**国际船级社协会（IACS）**是制定船舶技术标准的国际组织，主要职能包括：制定船舶设计、建造和维护的技术规范，确保船舶的安全性和环保性；协调各国船级社的工作，推动全球船舶标准的统一；为国际海事组织提供技术建议，支持国际航运法规制定等。

**国际海上保险联盟（IUMI）**是全球海上保险业的代表组织，主要职能包括制定海上保险的行业标准和政策，推动保险业的规范化；协调各国保险公司的合作，应对海上风险；研究海上保险市场趋势，提供行业数据和分析报告。

**国际劳工组织（ILO）**于1919年根据《凡尔赛和约》成立，1946年成为联合国的专门机构，致力于促进社会主义，制定国际劳工标准，积极参加劳工相关的社会正义活动，尤其关心海员、渔民、码头工人的保护问题，不断建立、修改关于各种海事劳工问题的国际最低标准，如聘用船员的最低工资、遣返船员、职业培训、船员膳宿供应、工作时间及人员定额、假期及福利设施等。国际劳工组织还从事海运业经济、技术、劳工和社会发展等方面的研究及分析。

**保赔协会（P&I）**是船东和船舶运营者的互助保险组织，其主要职能是为会员提供责任保险保障，涵盖船舶运营中可能面临的第三方责任风险（如货物损坏、污染、人员伤亡等），同时提供法律咨询、索赔处理、事故调查和风险管理支持。通过互助保险模式，保赔协会帮助会员分担风险、降低损失，并确保其符合国际海事法规要求，为全球航运业的稳定运营提供重要保障。

**伦敦海事仲裁员协会（LMAA）** 成立于1960年，总部位于伦敦，是一个由专业处理航运及商品贸易案件的仲裁员自发形成的协会组织，其成员由经验丰富的海事仲裁员组成，专注于解决航运合同纠纷、船舶租赁争议等海事问题，是全球海事仲裁领域的权威之一。

**国际海事教师联合会（IMLA）** 成立于1977年，是联合国国际海事组织的正式咨询团体，是国际航海教育界最具影响力的国际组织之一。作为无国界教育论坛组织，旨在为国际航运和国际航海教育问题进行研究讨论，致力于培养高素质的海事专业人才，长期以来从其专业学术和海事教育与培训的角度为国际海事组织建言献策。

**国际海事大学联合会（IAMU）** 成立于1999年，是海事教育的合作平台，通过年度会议、研究项目和培训活动，推动海事教育的标准化与国际化。主要职能是通过促进全球海事教育与培训（MET）的发展，加强海事院校之间的合作与交流，并为成员院校提供学术支持与资源共享，满足航运业的需求。

## 03 我国航运领域国家级行业协会有哪些？主要功能是什么？

在航运领域，行业协会扮演着至关重要的角色，它们不仅促进了行业内信息的交流和技术的进步，还在政策制定、行业规

## 第七章 航运服务与法规

范、国际交流等方面提供了不可或缺的支持。

**中国航海学会**作为连接政府与航海科技工作者的桥梁和纽带，致力于推动航海科学技术的发展，通过进行公共政策研究、提供决策咨询、科技成果评价及团体标准制定，举办技术交流会议及研讨会，出版专业书籍和期刊，开展继续教育项目，旨在提升行业的技术水平和服务质量。

**中国港口协会**专注于推动中国港口行业发展，增强港口竞争力，提升服务质量，提供政策咨询，进行行业研究，推广先进技术，参与相关政策法规的制定，组织各类培训和研讨会，促进国内外港口间的交流合作，并发布行业动态和市场信息。

**中国水运建设行业协会**旨在为政府、行业和会员单位服务，维护国家、行业和会员单位的合法权益，进一步完善和规范水运建设市场，促进水运建设行业的进步与发展，使水运建设行业在中国的经济建设中发挥更大的作用。

**中国交通运输协会**是综合性运输协会，坚持以为国家、为行业、为企业、为社会的"四个服务"宗旨，在政府和企业之间起桥梁、纽带作用及参谋助手作用，协会的工作目标是促进中国交通运输和现代物流的发展，为建设交通强国贡献力量。

**中国智能交通协会**专注于面向企业，建立政府与企业沟通的桥梁，促进企业间的横向联系与合作，促进行业技术进步和产业资源整合，推进产、学、研合作，推动国际交流与合作，加快交通领域的信息化、智能化进程。

**中国物流与采购联合会**是涵盖物流、采购和供应链管理等领域的全国性社会团体，旨在推动物流业发展，研究物流政策，制定行业标准，培养专业人才，提供市场信息服务，组织论坛和研讨会，促进国内外交流与合作，推动行业规范化和现代化进程。

## 04 什么是高端航运服务业？主要有哪些业态？

高端航运服务业围绕船舶、港口、货物三大基础要素开展服务，具有高附加值、知识密集型、技术密集型、资金密集型、产业带动性强等特征，包括以下产业业态：

**航运金融与保险服务** 提供船舶融资、租赁、资产证券化等金融服务，以及提供覆盖船舶、货物、责任等风险的保险服务及风险评估，包括船舶融资、航运金融衍生品、船舶保险、货运保险、船员责任险、保赔保险等。

**海事法律与仲裁服务** 提供解决航运合同纠纷、海事事故责任等法律问题的专业化服务，如船舶买卖、租约条款审查等。

**航运经纪与咨询服务** 提供船舶交易、租船合同谈判、市场分析等服务，如促成船舶买卖与租赁、发布全球航运市场报告等。

**船舶管理与技术服务** 提供涵盖船舶运营维护、技术研发及绿色化改造、船员管理服务。如提供专业的船舶管理技术、推动绿色低碳燃料研发与应用等。

**航运教育与人才服务** 培养航运专业人才及提供职业培训，如海事类院校、航运人才基地建设与船员培训等。

## 05 什么是航运保险？主要有哪些类型？

航运保险在国外被称为海事保险（Maritime Insurance），是指与水运业务发展有关的保险，主要为了抵御与水运相关的经营

者在从事业务时发生的风险。航运保险主要包括以下几种类型:

**货物运输保险**以海上运输的货物为保险标的,承保货物在运输过程中因自然灾害或意外事故所造成的损失。货物运输保险分为基本险和附加险:基本险包括平安险、水渍险、一切险;附加险包括一般附加险、特殊附加险、特别附加险。

**船舶保险**以各种类型船舶为保险标的,承保其在海上航行或者在港内停泊时遭到的因自然灾害和意外事故所造成的全部或部分损失及可能引起的责任赔偿。船舶保险可以分为广义的和狭义的船舶保险。广义的船舶保险是以船舶及其附属品为保险标的的保险业务。根据船舶所处的状态分为船舶营运险、船舶建造险、船舶停航险、船舶修理险、拆船保险和集装箱保险等。狭义的船舶保险是指船舶营运险,其中又可以分为基本险、附加险和特殊附加险三种。

**海事责任险**是以被保险人对第三者依法应负的赔偿责任为保险标的的保险,是指在被保险人造成他人损害而应当承担赔偿责任时,由保险人在合同约定的保险金额范围内承担支付赔偿金的义务。

**再保险**也被称为分保,是指保险人将其承担的保险业务,以承保形式,部分转移给其他保险人。进行再保险,有利于其控制损失,稳定经营。航运再保险承保的对象主要包括货物运输保险、船舶保险、海事责任险。

## 06 什么是船舶融资租赁?主要有哪些类型?

船舶融资租赁是一种金融服务方式,指租赁公司作为出租人,根据承租人对船舶的特定要求和对造船厂的选择,出资向造船厂购买船舶并租给承租人使用,由承租人分期支付租金的一种融资模式,同时具有资金融通特点和船舶所有权由出卖人转移至出租人的特点。

常见的船舶融资租赁方式有:

**简单融资租赁** 租赁期内船舶所有权属于出租人所有,租期届满,租金支付完毕并且承租人根据融资租赁合同规定履行完全部义务后,船舶所有权即转归承租人所有。

**回租融资租赁** 也称售后回租,是承租人和出卖人为同一人的融资租赁业务,即承租人将自有船舶出卖给出租人,并与出租人签订船舶融资租赁合同,再将该船舶从出租人处租回的融资租赁业务。

# 07 什么是船级社?全球主要的船级社有哪些?

船级社是专门从事船舶和海上设施检验、评估和认证的独立组织。其主要职责是确保船舶、海上结构及相关设备的设计、建造和运营符合国际海事组织和其他相关机构制定的安全、环保和技术标准。

船级社的作用主要包括:

**制定技术标准** 船级社制定船舶和海洋工程结构的设计、建造和维护标准,涵盖船体、轮机、电气系统、安全设备等方面。

**检验与认证** 对船舶和海洋工程结构进行检验,确保其符合技术标准,并颁发相应的证书(如船级证书)。

**入级服务** 提供入级服务,对符合标准的船舶和海洋工程结构进行入级,并定期检验以保持其良好运营的状态。

## 第七章 航运服务与法规

**研究与开发** 推动船舶和海洋工程技术的进步，提升安全性和环保性能。

**培训与咨询** 为航运公司、造船厂等提供技术培训和咨询服务，帮助其理解和遵守相关技术标准。

**事故调查** 参与船舶和海洋工程事故调查，分析事故原因并提出改进建议。

全球主要的船级社有：

**英国劳氏船级社**（Lloyd's Register of Shipping，LR）成立于1760年，是世界上成立最早的船级社，从事有关船舶标准制定与出版，进行船舶检验、船舶性能检定，公布造船规则等。

**挪威船级社**（Det Norske Veritas，DNV）成立于1864年，通过为客户提供认证、验证、评估和培训服务，确保客户在组织、产品、人员、设施以及供应链管理方面取得卓越的业绩，2013年与德国劳氏船级社（Germanischer Lloyd, GL）合并后改名DNV GL，2021年又重新改名为DNV。

**美国船级社**（American Bureau of Shipping，ABS）成立于1862年，主要致力于为公共利益和客户需求服务，通过开发和验证海洋相关设施的设计、建造和操作标准，保护人命、财产和自然环境的安全。

**法国船级社**（Bureau Veritas, BV）成立于1828年，世界领先的检验认证集团之一，在船舶入级与检验、体系认证、国际进出口商检、社会责任审核、消费品测试、工业建筑与基础设施、核安全等多个领域均处于世界领先地位。

**中国船级社**（China Classification Society, CCS）成立于1956年，总部设在北京，是中国唯一从事船舶入级检验业务的专业机构，国际船级社协会的正式会员。

**日本船级社**（Nippon Kaiji Kyokai，ClassNK）成立于1899年，总部位于东京。其核心业务涵盖船舶与海洋结构物的入级检验、技术标准制定、安全认证及风险管理服务。

**韩国船级社**（Korean Register of Shipping，KR）成立于1960年，总部设于釜山。专注于船舶安全评估、海洋工程认证、可再生能源装备检验及供应链质量管理。

## 08 什么是航运经纪人？船舶经纪人的主要分类有哪些？

航运经纪人是指专门代他人从事船舶买卖、租赁、融资、货物运输咨询业务的第三方专业人员，由于航运交易的技术和法律要求远较其他行业复杂，仅靠供需双方很难顺利完成交易，通常必须有专业的经纪人从中提供服务。航运经纪人的服务对象大多是本行业的专业企业（船东、租船人、货主、船厂），需要对航运和船舶市场有充分的了解，具有贸易、航运、金融、海事法律等方面的基础知识和实践经验。船舶经纪人是航运经纪人的一种，主要分为船舶买卖经纪人和船舶租赁经纪人。

**船舶买卖经纪人**一般接受二手船舶买卖方的委托，提供船舶的技术规范和市场信息，并作为一方的被委托人与另一方协商船舶价格、制作船舶买卖合同、安排船舶交割等。

**船舶租赁经纪人**一般接受船舶出租人或者承租人的委托，提供货源或船舶信息，并作为一方的被委托人与另一方协商好租金、运费后缔结租约。

第七章 航运服务与法规

## 09 什么是船舶管理？全球主要船舶管理公司有哪些？

船舶管理是指独立于船东、租船人之外的专业公司对船舶的管理。其主体通过向船东提供一项或多项专业船舶管理服务，以满足船东委托管理船舶的需要、达到船舶管理目的而收取一定管理费用和其他约定费用。服务范围包括船舶全面技术管理、船员配备与管理、船舶维修管理、船舶供应、船舶保险等专业活动。

据《劳埃德船舶日报》（Lloyd's List）发布数据显示，2024年全球前十大船舶管理公司分别为中英船舶管理公司（Anglo-Eastern）、希那基船舶管理公司（Synergy Marine）、飞励特船舶管理公司（Fleet Management）、卫狮集团（V.Group）、贝仕船舶管理公司（Bernhard Schulte Shipmanagement）、哥仑比亚船舶管理公司（Columbia Shipmanagement）、OSM Thome 船舶管理公司、威尔森船舶管理公司（Wilhelmsen Ship Management）、华林船舶管理公司（Wallem）、洲际船务集团控股有限公司（Seacon Shipping Group Holdings Limited）。

## 10 全球主要航运信息与咨询机构有哪些？

世界范围内主要航运信息与咨询机构包括克拉克森航运经纪公司（Clarkson research group）、英国德鲁里航运咨询公司（Drewry consultancy）、法国 Alphaliner 海运咨询公司、上海国际航运研究中心等。

**克拉克森航运经纪公司**于1852年在英国伦敦成立,在全球近50个国家设有办事处,主要有四大核心业务,包括船舶经纪、港口服务、金融和银行业务,以及市场研究,其中克拉克森研究专注于航运、贸易、海上油气、海上风电等领域的数据和情报研究。

**英国德鲁里航运咨询公司**于1970年在英国伦敦成立,在全球设有伦敦、印度和新加坡等三个基地,主要提供国际航运市场数据、信息及研究分析报告等,涵盖码头、油船、干散货、石油和天然气、化学品和集装箱等航运市场重要板块,是全球领先的海事研究、咨询和出版机构。

**法国Alphaliner海运咨询公司**是一家航运咨询网站,主要提供集装箱船市场的最新要闻、船厂订单、最新船型设计、船队统计数据等信息,并提供运输在线解决方案,其中TOP100提供不断更新的全球前100家集装箱班轮运营商排名及其运力数据,覆盖全球几乎所有集装箱运营商的船队。

**上海国际航运研究中心**于2008年成立,定期编制国内外航运、全球港口、航运服务、绿色航运、港航大数据等发展报告,并实行开放式管理,广泛吸收政府、企业、大学、研究机构、行业协会、国际组织共同参与,搭建产学研合作平台,为政府和国内外企业等提供决策咨询和信息服务。

## 11 全球重要的航运会展活动有哪些?

全球重要的航运会展活动包括德国汉堡国际海事展、资本链

## 第七章　航运服务与法规

接（Capital Link）航运论坛、新加坡亚洲海事展、中国国际海事会展、北外滩国际航运论坛等。

**德国汉堡国际海事展**　每两年举办一次，是目前世界造船领域规模最大、档次最高、影响力最强的专业性国际贸易展览会，被誉为"世界第一大造船海事盛会"，展会涵盖了海事行业的整个价值链，包括船舶建造、海洋工程、海事技术、能源供应、环保技术等多个领域。

**资本链接航运论坛**　专注于海事、航运、投资和金融领域的国际性会议平台，每年组织17次会议，其中14次专注于海事领域，在纽约、伦敦、雅典、利马索尔、上海、东京、新加坡、香港和汉堡等主要行业中心举办多类主题论坛，旨在为全球商业、金融和投资界的精英提供高质量的交流机会。

**新加坡亚洲海事展**　由英富曼会展集团和新加坡海事基金会共同主办，经过近二十年的发展，该展已成为全球领先的海事行业交流平台，为亚洲地区的船舶供应制造商和来自世界各地的船舶及船舶配套采购商提供了交流与合作的契机。

**中国国际海事会展**　全称是中国国际海事技术学术会议和展览会，由国务院批准，创办于改革开放之初。从1981年开始，每逢单年底在上海举办一届。高级海事论坛是全球最具规模和影响力的同类会议之一，一直保持高层次和权威性、国际性、专业性及前瞻性的特色；展会以集中展示海事界最新技术和产品为特色，历来是中外专业人士拓展国际视野、吸收国际新技术、促进企业技术创新，以及各国参展厂商拓展国际贸易合作、探索发展良策的重要平台。

**北外滩国际航运论坛**　每年举办一次，是由交通运输部和

航运基础知识问与答

上海市人民政府共同主办的国际性航运行业盛会,旨在推动全球航运业的高质量发展和可持续发展,是全球航运业的重要交流平台,为推动航运业高质量发展和上海国际航运中心建设发挥了重要作用。

## 12 航运法律体系的主要构成部分有哪些?

航运法律体系主要由航运公法和航运私法两大领域构成。

**航运公法**是调整航运活动中具有公共管理性质的社会关系的法律规范的总和,主要规范国家与航运企业、船员、港口经营者等之间的管理与被管理的关系。其法律规范多具有强制性,直接体现国家对航运业的管理和监督意志,旨在维护航运秩序、保障航运安全、保护海洋环境。例如《联合国海洋法公约》中关于船舶航行权、船旗国义务、海洋环境保护等的规定,以及各国国内的海上交通安全法、港口法、海洋环境保护法等。

**航运私法**是调整公民、法人之间在航运活动中所发生的民事关系的法律规范的总称,主要规范平等主体之间的航运交易、海事赔偿等关系。其法律规范多体现平等、自治、公平等私法原则,旨在保障航运交易安全、促进航运贸易发展、平衡各方当事人的利益。如《海牙规则》《维斯比规则》《汉堡规则》等国际航运公约,以及各国国内的海商法等。

航运公法和私法在航运法律体系中地位和作用不同,二者相互补充、相互衔接,共同维护航运秩序,保障航运安全与效率,促进航运业健康发展。

第七章 航运服务与法规

# 13 航运公法领域的主要法律制度有哪些？

航运公法领域涵盖众多重要的法律制度，主要包括以下几方面：

**船舶的登记与管理制度** 从国际层面来看，《联合国海洋法公约》规定每个国家应确定对船舶给予国籍、船舶在其领土内登记及船舶悬挂该国旗帜的条件，船舶具有其有权悬挂的旗帜所属国家的国籍，船旗国应对悬挂该国旗帜的船舶发放船舶登记证书，且船旗国和船舶之间必须有真正联系。我国《船舶登记条例》明确船舶登记主管机关、登记内容、程序等，如船舶经依法登记，取得中华人民共和国国籍，方可悬挂中华人民共和国国旗航行，未经登记的，不得悬挂中华人民共和国国旗航行，同时还对船舶所有权、抵押权、光船租赁权的登记等作出规定。此外，还有《船舶登记工作规程》等规范性文件，对船舶登记的具体操作流程等进行说明。

**海上交通安全监管制度** 主要的国际公约是《1974年国际海上人命安全公约》(SOLAS公约)，其旨在保障船舶、海上人命安全，规定了与安全密切相关的船舶构造、设备、操作等要求，如船舶需配备相应的救生设备、无线电通信设备等，以确保在紧急情况下能够有效保障人命安全。我国《海上交通安全法》立法目的是为了加强海上交通管理，维护海上交通秩序，保障生命财产安全，维护国家权益，该法对船舶在沿海水域航行、停泊、作业时的安全监管要求作出规定，如明确了船舶、设施的所有人、经营人负责船舶、设施的安全运营，配备适任船员，保持船舶良好状态等。

**防止船舶污染海洋环境制度** 国际海事组织制定的《国际防止船舶造成污染公约》（MARPOL 公约）是主要的国际公约之一，对船舶排放油类、散装有毒液体物质、包装有害物质、生活污水、垃圾等作出严格限制，要求船舶配备相应的防污染设备，采取有效的防污染措施，以保护海洋生态环境。国内法层面，我国《海洋环境保护法》对船舶及有关作业活动污染防治作出详细规定，如船舶应当按照国家有关规定采取有效措施，对压载水和沉积物进行处理处置，严格防控引入外来有害生物；船舶的结构、配备的防污设备和器材应当符合国家防治船舶污染海洋环境的有关规定，并经检验合格；船舶应当取得并持有防治海洋环境污染的证书与文书，在进行涉及船舶污染物、压载水和沉积物排放及操作时，应当按照有关规定监测、监控，如实记录并保存等。

**船员的登记与管理制度** 国际海事组织制定的《海员培训、发证和值班标准国际公约》（STCW 公约），明确规定船员的培训、发证和值班标准，确保船员具备相应的专业技能和适任能力，保障船舶航行安全。我国《船员条例》对船员的注册、培训、考试、发证等作出详细规定，如：船员应当按照国务院交通主管部门的规定，经船员基本信息登记，参加相应的专业培训、特殊培训，通过海事管理机构组织的考试，并取得相应的船员适任证书。

**航运市场监管制度** 目前暂未有专门针对航运市场监管的国际公约。我国《国际海运条例》规范了国际海上运输经营活动，维护国际航运市场秩序，该条例规定了国际海运经营者的资质条件、市场准入与退出、经营行为规范等内容，以保障国际海运市场的公平竞争和健康发展。

**港口安全与规划管理制度**　由国际海事组织制定的《国际船舶和港口设施保安规则》(International Ship and Port Facility Security Code，ISPS Code)，侧重于港口设施和船舶的保安措施，要求港口设施和船舶制定并实施保安计划，防范恐怖袭击等安全威胁，以维护港口和船舶的安保秩序。我国的《港口设施保安规则》根据《1974年国际海上人命安全公约》《国际船舶和港口设施保安规则》和《国际海运危险货物规则》制定，于2003年发布。另外，我国《港口法》也对港口的安全管理与环境保护等作出相应规定。

# 14 航运私法领域的主要法律制度有哪些？

航运私法以民商事法律规范为核心，主要制度包括：

**海上运输合同制度**　规范承运人与托运人之间的权利义务关系，包括合同的订立、履行、变更、解除及承运人责任等。《海牙规则》《维斯比规则》《汉堡规则》等国际公约对承运人责任、货物赔偿等作出规定，明确了承运人在货物运输过程中的基本义务和责任限制；《1974年海上旅客及其行李运输雅典公约》是调整海上旅客法律关系重要的国际公约，该公约较好地平衡了承运人和旅客之间的利益关系；我国《海商法》对海上货物运输合同和海上旅客运输合同的具体内容和操作进行了详细规定，保障了运输合同双方的合法权益。

**船舶物权制度**　明确船舶的所有权、抵押权、优先权等物权的设立、变更、转让和保护。船舶作为一种特殊的动产，其物权变动具有特殊性。船舶所有权的取得、转让和消灭需要依法登记；船舶抵押权是指抵押人以其船舶作为债权的担保，在债务人不履行债务时，抵押权人有权依法拍卖船舶并优先受偿；船舶优先权则是一种法定的担保物权，海事请求人无须事先约定即可对产生海事请求的船舶享有优先受偿的权利。《船舶优先权和抵押权国际公约》是为改善船舶融资条件，推动发展各国商船队，统一船舶优先权和抵押权方面的法律规定而签订的国际公约。我国《海商法》对船舶物权的种类、设立、行使等作出详细规定。

**船舶租用合同制度** 规范船舶出租人和承租人之间的权利义务关系，包括定期租船合同和光船租赁合同，如：波罗的海国际航运公会制定的统一定期租船合同（BALTIME）和纽约土产交易所制定的定期租船合同（NYPE）等国际标准合同范本，为定期租船合同提供了规范的条款；我国《中华人民共和国海商法》对定期租船合同和光船租赁合同的定义、内容、当事人的权利义务等作出明确规定，保障了船舶租赁交易的顺利进行。

**海事保险制度** 调整保险人与被保险人之间的权利义务关系，保障被保险人的利益，促进航运业稳定发展。海事保险合同是保险人与被保险人约定保险权利和义务关系的协议，保险人按照合同约定承担赔偿或者给付保险金的责任。常见的海事保险包括船舶保险、货物运输保险、保赔保险等，我国《海商法》对海事保险合同的订立、保险赔偿范围等作出规定；《海商法》未作规定的，适用《保险法》的有关规定。

**海事赔偿责任限制制度** 在特定条件下限制船舶所有人等责任人的赔偿责任，平衡各方利益，降低航运风险，如：《1976年海事赔偿责任限制公约》，规定了船舶所有人、救助人等在发生海事事故时的责任限额，使其在遭受重大海事事故时能够将赔偿责任限制在一定范围内，避免因巨额赔偿而导致破产，同时也促

第七章　航运服务与法规

使航运业保持一定的经营稳定性；我国《海商法》对海事赔偿责任限制的具体情形、责任限额等作出详细规定。

**共同海损和单独海损制度**　规定共同海损的牺牲和费用由受益方分摊，单独海损由受损方自行承担，合理分配海损风险和损失。共同海损是指在海运途中，船舶和货物遭遇共同危险，为了解除这种危险，船方采取合理措施所造成的特殊牺牲和支付的特殊费用，这些损失由受益的各方按比例分摊；单独海损则是指船舶或货物单独遭受的损失，由受损方自行承担，我国《海商法》对共同海损和单独海损的构成要件、分摊方式等作出明确规定。

## 15 航运法律领域的国际组织制定了哪些重要的国际条约？

航运法律体系的全球化特征决定了国际组织在规则制定中的核心作用。航运法律领域的重要国际组织主要包括国际海事组织、国际劳工组织、国际海事委员会和联合国国际贸易法委员会等。

**国际海事组织（IMO）**　20世纪60年代末开始，国际海事组织成为国际海事条约的主要制定主体之一。《国际海上人命安全公约》（International Convention for Safety of Life at Sea，SOLAS）、《〈1973年国际防止船舶造成污染公约〉1978年议定书　》(Protocol of 1978 Relating to the International Convention for the Prevention of Pollution from Ships 1973，MARPOL 73/78)、《1978年海员培训、发证和值班标准国际公约》（International Convention on Standards of Training, Certification, and Watchkeeping for Seafarers，STCW）和《2006年海事劳工公约》（Maritime Labour

Convention，2006，MLC 2006）等四个条约，被海事界统称为国际海事法规体系的"四大支柱"，其中前三个条约均由国际海事组织制定。四大支柱性国际海事条约以船舶和船员为中心，对海上安全、海洋环境、海员适任以及船员权益保障作出了详细规定。

**国际劳工组织（ILO）** 1920年以来，国际劳工组织召开了多次专门涉及船员的海事大会，通过了40余项国际公约以及大量建议书，涵盖船员的招募和安置、最低年龄、工作时间、安全、卫生和福利、劳动监察和社会保障等。2006年2月，国际劳工组织第94届国际劳工大会正式通过了《2006年海事劳工公约》，该条约被称为全球海员的"权利法案"，是国际海事法规体系的"四大支柱"之一。

**国际海事委员会（CMI）** 早期的国际海事条约多由国际海事委员会组织制定，较具代表性的应属至今仍然普遍适用的《1910年统一船舶碰撞若干法律规定的国际公约》和《1924年统一提单若干法律规定的国际公约》即《海牙规则》，及其1968年议定书即《维斯比规则》。

**联合国国际贸易法委员会（UNCITRAL）** 于1966年12月由联合国大会通过设立，旨在通过拟定并促进使用和采纳一些重要商法领域的立法和非立法文书，履行推动国际贸易法逐步统一和现代化的任务。此后联合国国际贸易法委员会一直被视为联合国在国际贸易法领域的核心法律机构。联合国国际贸易法委员会制定的最为著名的国际条约应属1980年《联合国国际货物销售合同公约》。国际海事条约方面，联合国国际贸易法委员会制定的国际条约集中于海上货物运输法领域，包括1978年《联合国海上货物运输公约》即《汉堡规则》，1991年《联合国国际贸易运输港站经营人赔偿责任公约》，以及 2008 年《联合国全程或者部分海上国际货物运输合同公约》即《鹿特丹规则》，但后二者均未生效。

# 16 我国航运领域的国内法主要有哪些？

在我国航运领域，最重要的三部实体法律是《海商法》《港口法》和《海上交通安全法》。此外，《海事诉讼特别程序法》是专门针对海事诉讼案件的程序性法律。

**《海商法》**是我国航运法律体系中的核心部分，主要规定了船舶物权、船员、海上货物运输合同、海上旅客运输合同、船舶租用合同、海上拖航合同、船舶碰撞、海难救助、共同海损、海事赔偿责任限制、海上保险合同、时效、涉外关系法律适用等内容。作为一部民事特别法，《海商法》主要包含民事法律规范，仅部分条款具有行政或经济法律规范的性质，如关于沿海运输权、船舶国籍和悬挂国旗及海上运输管理的规定，以及关于船员管理的部分规定。

**《港口法》**自 2004 年 1 月 1 日起施行，经过多次修订，主要调整港口规划、建设、维护、经营、管理及其相关活动，包括港口规划与建设、港口经营、港口安全与监督管理、法律责任等内容。《港口法》的内容仅限于公法规则，而不涉及港口经营中的民事法律制度。

**《海上交通安全法》**是一部调整我国管辖海域内的航行、停泊、作业及其他与海上交通安全相关活动的法律，自 1984 年 1 月 1 日施行以来，经过了多次修订，以适应航运业的发展和国际标准。

《**海事诉讼特别程序法**》自 2000 年 7 月 1 日起施行,为海事诉讼提供了特别的程序和规则,主要涉及海事诉讼的管辖、海事请求权的保全、海事诉讼的时效、海事仲裁、海事赔偿责任限制、海事证据以及海事执行等方面。该法与《海商法》等实体法相辅相成,共同构成了我国完整的海事法律体系。

## 17 海上货物或旅客运输通常需要哪些法律服务?

航运活动主要围绕海上运输展开,航运私法领域产生的法律问题主要集中在海上运输环节。不论是海上货物运输还是旅客运输,解决法律问题的关键在于界定作为运输服务提供者的承运人的责任。例如,当货物遭受损坏、灭失或迟延交付,或旅客遭受人身伤害时,需要提供明确承运人应承担何种责任的法律服务。

解决航运领域产生的法律问题不仅限于海上运输本身,还涵盖为船舶、船员和海上事故的处置以及海上保险等方面提供的服务。

承运人可能使用自有船舶,也可能租用他人船舶来经营运输业务。使用自有船舶时,可能涉及船舶的建造、买卖、抵押等经营活动,围绕这些活动订立的合同可能产生纠纷。租用他人船舶时,需订立航次租船、定期租船、光船租赁等租船合同,这些合同同样可能产生纠纷。船员的雇佣和管理也可能涉及法律纠纷。

在海上运输可能引发的海上事故中,最典型的是船舶碰撞和船舶污染海洋。其中,船舶污染海洋的污染源可能是为船舶自身提供动力的燃料油,也可能是作为货物运输的油类或有毒有害物

第七章 航运服务与法规

质。这两类事故涉及的法律问题主要是对受害者的损害赔偿。发生事故后,可能需要采取海上救助、船舶残骸的打捞清除等应对措施,围绕这些应对措施订立的合同等事项也将产生法律问题。航运领域还存在共同海损、海事赔偿责任限制等海商法中的特殊制度。

保险的主要功能之一是分散风险,海上保险亦是如此。海上保险的主要险种包括船舶保险、海上货物运输保险、保赔保险等。海上保险领域的法律问题主要围绕保险人与被保险人之间订立的海上保险合同展开。

此外,国家对于航运活动的管理也会产生一系列法律问题。例如,船舶在海事局登记的相应程序,以及申请开展海上运输业务需要满足的条件。

## 18 我国《海商法》的立法宗旨和调整对象是什么?

航运活动的复杂性与高风险性,使得明确规范相关法律关系、平衡各方利益成为核心要点。《海商法》为航运业的稳定发展提供了坚实的法律保障。

**立法宗旨** 随着国际贸易和航运业的不断发展,海上运输和船舶关系日益复杂,各种利益冲突频繁出现。为了规范海上运输关系和船舶关系,保障海上运输和船舶航行的安全,维护当事人各方的合法权益,促进海上运输和航运业的发展,《海商法》应运而生。它通过对海上运输、船舶、船员、海事保险、海事赔偿责任等方面的详细规定,为航运活动提供明确的法律指引,平衡航运活动中的各种利益关系,保障航运交易的安全和公平,推动

作者：王岩松
作品：《航运法规》（纸本水墨）
尺寸：33 厘米 ×33 厘米
时间：2025 年

第七章　航运服务与法规

航运业的健康、稳定发展。

**调整对象**　《海商法》主要调整海上运输关系和船舶关系。其中，海上运输关系包括国际海上货物运输、国际海上旅客运输以及国内沿海货物运输和旅客运输等。船舶关系则涉及船舶的所有权、抵押权、优先权等物权关系，以及船舶的检验、登记、船员管理、船舶碰撞、海难救助等与船舶相关的法律关系。通过对这些关系的调整，《海商法》为航运业的有序运行提供了坚实的法律基础，确保了航运活动的顺利进行，促进了航运市场的繁荣和稳定。

## 19 相对于一般民商事法律，海商法的特殊性是什么？

海商法属于民事特别法，其特殊性主要体现在为应对海上的特殊风险而设计。这些风险与陆上活动相比更大，因为海上活动面临更多不确定性和潜在威胁，如碰撞、搁浅、触礁、火灾、台风、海啸、恶劣天气、战争和海盗等。

海商法各项法律制度的产生、发展和消失均与海上风险紧密相关，尤其是与人们抵御风险的能力有关。海上运输及相关活动不仅风险较高，而且通常需要较高的投资和较大的运量，但与之相对的运费或其他收入可能较低。这种特点决定了一般民事法律制度在海上运输及相关活动中的应用存在局限性，因此需要特别法律制度来适应海上的特殊风险。此种特别法律制度的基本价值取向在于鼓励航运业发展。鉴于海上运输及其周边活动在面临较大风险的同时，也需要巨额投资以支持其持续发展，海商法给予了船方一定的利益倾斜保护，如为承运人设置了过失免责、海事赔偿责任限制等规则,以减少投资者因海上风险而却步的可能性。

## 20 承运人的基本义务有哪些?

海上货物运输合同中的承运人承担着一系列基本义务,以确保货物的安全、及时运输。这些义务主要包括以下几点:

**提供适航船舶的义务** 在船舶开航前和开航当时,承运人应当确保船舶处于适航状态,配备足够的船员、设备和供应品,并使货舱、冷藏舱、冷气舱和其他载货处所适于并能安全收受、载运和保管货物。这是承运人最基本的义务之一,也是保障货物安全运输的前提条件。

**妥善管理和照料货物的义务** 在货物运输过程中,承运人需要对货物进行妥善的管理和照料,防止货物因管理不善而发生损坏、灭失等情况。这包括合理安排货物的装载、堆放、通风、防潮等措施,确保货物在运输过程中的安全。

**按照合同约定的航线或通常的航线运输货物,不得无故绕航** 绕航是指船舶在运输过程中偏离约定航线或通常航线的行为,除非是因不可抗力(如恶劣天气、航道堵塞等)或为救助人命等合理原因。无故绕航可能导致运输时间延长、货物损坏或灭失风险增加,因此承运人需承担相应的法律责任。

**按照合同约定的时间和地点将货物交付货物的义务** 如果因承运人的原因导致货物迟延交付,承运人需承担迟延交付的责任。按时交付货物不仅是承运人的基本义务,也是保障货物运输效率和收货人利益的重要体现。

## 21 提单的功能有哪些？

提单（Bill of Lading，B/L）是海上货物运输中最重要的单据之一，由承运人或其代理人签发，证明已收到货物并承担运输责任的法律文件。提单的主要功能包括：

**货物收据** 提单是承运人收到货物的凭证，证明货物的种类、数量、包装和装船时间等信息。

**运输合同证明** 提单是海上货物运输合同的证明，明确了承运人与托运人之间的权利和义务。

**物权凭证** 提单的合法持有人有权在目的港凭提单提取货物，提单的转让也意味着货物所有权的转移。

## 22 航运领域解决纠纷的办法有哪些？

航运领域的纠纷主要包括海事侵权纠纷、海商合同纠纷以及其他海事海商纠纷等三类。这些纠纷通常可以通过以下几种方式解决：

**协商** 当事人之间通过直接沟通协商解决纠纷，成本较低且灵活性高。通过协商解决纠纷的优点是成本低、灵活性高；缺点是缺乏法律强制力，依赖当事人合作。

**调解** 通过第三方调解机构或调解人介入，帮助当事人达成和解协议。通过调解解决纠纷的优点是有第三方介入，有助于达成和解；缺点是无法律强制力，需当事人自愿合作。

**仲裁** 通过仲裁解决纠纷的优点是专业性强、程序灵活、保密性高、裁决具有国际认可性；缺点是"一裁终局"，当事人无法上诉，存在一定风险。

**诉讼** 当事人将纠纷提交给法院，通过司法程序解决。通过诉讼解决纠纷的优点是法律强制力强，裁决具有终局性；缺点是程序复杂，时间较长，公开审理可能泄露商业秘密。

总体而言，选择哪种纠纷解决方式取决于纠纷的性质、当事人的需求以及对成本、时间和保密性的考量。

## 23 海事法院是我国独有的吗？我国有哪些海事法院？

海事法院是我国审理海事和海商案件的专门法院。这是全球范围内较为独特的司法制度，其他国家通常通过普通法院或仲裁机构处理海事案件，未形成类似中国的专门法院体系。我国自1984年起陆续设立海事法院，形成了覆盖全国海域及通海可航水域的三级审判体系（海事法院—高级人民法院—最高人民法院）。截至2024年，我国已设立11家海事法院，管辖范围包括中国全部海域及长江、珠江等通航水域，所处理的案件类型达一百多种，成为全球海事审判机构最多、案件数量最丰富的国家。

**上海海事法院**成立于1984年，管辖上海沿海海域（包括洋山深水港及附近海域）和长江浏河口以下的通海可航水域。

**天津海事法院**成立于1984年，管辖南至河北省与山东省交界处，北至河北省与辽宁省交界处的沿海港口及其海域。

**青岛海事法院**成立于1984年，管辖山东省沿海七个地市、3345公里的海岸线及其延伸海域。

**大连海事法院**成立于1984年，管辖辽宁省与河北省交界处至鸭绿江口的延伸海域和鸭绿江水域。

**广州海事法院**成立于1984年，管辖广东省沿海海域、与海相通的内河水域、港口及其岸带。

**武汉海事法院**成立于1984年，管辖四川省宜宾市合江门至江苏省浏河口之间与海相通的可航水域、港口。

**海口海事法院**成立于1990年，管辖海南省所属港口和水域以及西沙、中沙、南沙、黄岩岛等岛屿及其水域。

**厦门海事法院**成立于1990年，管辖北至福建省与浙江省交界处，南至福建省与广东省交界处的延伸海域。

**宁波海事法院**成立于1992年，管辖浙江省港口、岛屿、沿海水域和通海内河。

**北海海事法院**成立于1999年，管辖广西壮族自治区所属港口、水域、北部湾海域及其岛屿和水域。

**南京海事法院**成立于2019年，管辖江苏省与山东省交界处至江苏省与上海市交界处的延伸海域，以及江苏省行政区域内的港口与通海可航水域。

## 24 什么是海事仲裁？与海事诉讼有什么不同？

仲裁是指双方当事人依据争议发生前或争议发生后所达成的仲裁协议，自愿将争议交付给独立的第三方，由其按照一定程序进行审理并作出对争议双方均有约束力的裁决的一种非司法程序。海事仲裁是仲裁在海商、海事领域的应用。

从国际层面看，在船舶建造合同、船舶买卖合同、租船合同、海难救助合同等海商海事法律关系中，当事人更倾向使用仲裁而非诉讼来解决他们之间的争议。这些合同的标准格式也基本会将仲裁作为争议解决方式。

海事仲裁与海事诉讼不同之处在于：

**仲裁基于当事人意思自治原则**　在仲裁中，当事人享有选定仲裁员、仲裁地、仲裁语言以及适用法律的自由。当事人还可以就开庭审理、证据提交和意见陈述等事项达成协议，设计符合自己特殊需要的仲裁程序。海商、海事争议（尤其是国际性质的争议）往往更加复杂和专业。仲裁当事人拥有的选择仲裁员的自由，对他们而言可能有更高的价值。这意味着他们可以选择富有相关背景、知识和经验的仲裁员为他们公平、公正地解决争议。虽然法院也有经验丰富的专家型法官，但是当事人并不能自由地选择法官。

**仲裁具有保密性**　所谓保密，既包括仲裁审理过程的保密，又包括仲裁裁决结果的保密。公开审判是诉讼的基本审理方式，我国《民事诉讼法》第10条规定："人民法院审理民事案件，除涉及国家秘密、个人隐私或者法律另有规定的以外，应当公开进行。离婚案件，涉及商业秘密的案件，当事人申请不公开审理的，可以不公开审理。"但是，不公开却是仲裁的基本审理方式，我国《仲裁法》第40条规定："仲裁不公开进行。当事人协议公开的，可以公开进行，但涉及国家秘密的除外。"另外，法院生效裁判文书原则上都应当公开，除非当事人另有约定，仲裁裁决书不应当公开；即使公开，通常也要做脱密处理。理论上认为，保密性可以更好地保护当事人的商业秘密和商业信誉，降低了加剧当事人争议的风险，限制了争议的附带损害，并使当事人得以专注于友好、务实地解决其争议。

**仲裁实行"一裁终局"原则**　我国海事法院实行"三级二审

终审制",而仲裁则遵循"一裁终局"原则,即仲裁裁决不能上诉,一经作出即为终局,对当事人具有约束力。我国《仲裁法》第9条规定:"仲裁实行一裁终局的制度。裁决作出后,当事人就同一纠纷再申请仲裁或者向人民法院起诉的,仲裁委员会或者人民法院不予受理"。当事人选择仲裁的一个重要考量,就是"一裁终局"原则所带来的程序效率。当然,这种效率也伴随着一定程度的风险,例如,"一裁终局"意味着一个实体上存在错误(如法律适用错误)的裁决可能无法被更正,败诉当事人无法获得救济。选择仲裁作为争议解决方式的当事人应当对这种风险有充分认识。

## 25 什么是海事临时仲裁?与机构仲裁有何区别?

海事临时仲裁是指当事人根据事先或事后达成的仲裁协议,在争议发生后,自行选定仲裁员组成仲裁庭进行仲裁的一种方式。它不依赖于任何常设的仲裁机构,仲裁庭在审理完案件并作出裁决后即自行解散。海事临时仲裁与机构仲裁相比,主要区别是:

**仲裁机构的介入程度不同** 机构仲裁由专门的仲裁机构按照其仲裁规则来安排进程,而海事临时仲裁不存在专门的仲裁机构,仲裁程序完全由仲裁庭和双方当事人来自行推进。

**仲裁规则的适用不同** 机构仲裁通常有一套固定的仲裁规则,而海事临时仲裁可以由当事人自由约定仲裁程序,包括仲裁员的选任、仲裁规则等,更加灵活。

**仲裁员的选任不同** 机构仲裁的仲裁员通常从仲裁机构的仲

裁员名册中选任，而海事临时仲裁的仲裁员由当事人自行选定。

**费用构成不同**　机构仲裁通常会收取管理服务费用，而海事临时仲裁无须支付常设仲裁机构的管理费用。

因此，与机构仲裁相比，海事临时仲裁的优势主要体现在：

**更高的灵活性和自主性**　当事人能够更加自由地设计仲裁程序，不受仲裁机构规则的限制。

**更节省成本**　无须支付仲裁机构的管理费用，降低了仲裁成本。

**更高效的程序**　当事人可以简化仲裁程序，加快仲裁进程。

# 第八章　航运安全与监管

　　航运安全与监管是维系全球航运贸易稳定与海洋秩序的核心保障。自航海文明伊始，人类便在与海洋的博弈中不断探索安全航行的边界，从早期的星象导航到现代的卫星定位，从航海经验的积累到国际公约的诞生，航运安全始终与技术进步和规则完善同行。现代航运安全体系以国际海事组织规则框架为基石，通过船舶适航性标准、船员资质认证、航行监控技术及应急响应机制，构建起覆盖航运安全与监管的体系。

　　本章聚焦航运安全与监管的关键领域，通过问答形式解析国际航运通道、安全航行设计、风险防控策略及突发事件应对方案等，读者可通过本章系统掌握航运安全的核心知识，深化对全球海事治理体系的理解，为参与航运安全管理及相关领域实践提供支撑。

引航员攀爬引航梯登船
中国引航协会原副秘书长陆悦铭　供图

# 第八章 航运安全与监管

## 01 国际航运关键要道有哪些?

国际航路要道不仅是全球贸易和能源运输的命脉,也是地缘政治、经济安全和国际合作的重要舞台。它们的畅通与安全直接关系到全球经济的稳定与发展,同时也面临地缘政治、环境保护和运营安全等多方面的挑战。国际航路要道有:

**英吉利海峡**位于英国与法国之间,连接北海和大西洋,是欧洲与北美贸易的重要通道。

**直布罗陀海峡**位于西班牙与摩洛哥之间,连接地中海和大西洋,是地中海国家进出大西洋的主要通道。

**土耳其海峡**(黑海海峡)位于土耳其的亚洲部分与欧洲部分之间,包括东北部的博斯普鲁斯海峡、中间的马尔马拉海峡和西部的达达尼尔海峡三部分,是黑海出地中海唯一的海上交通要道。

**霍尔木兹海峡**位于伊朗和阿曼之间,连接波斯湾和阿拉伯海,是全球石油运输的关键通道,尤其对中东石油出口至关重要。

**苏伊士运河**位于埃及,连接地中海与红海,大大缩短了欧洲与亚洲之间的航程,避免船只绕行非洲好望角。

**曼德海峡**位于也门和吉布提之间,连接红海与亚丁湾,是亚洲与欧洲、地中海贸易的关键通道。

**莫桑比克海峡**位于非洲大陆东南岸与马达加斯加岛之间,与好望角南部水道一起构成非洲—北美海上航线,是西印度洋与南大西洋间宽广的深水航道,为世界海上咽喉要道之一。15世纪,中国明朝航海家郑和第四、第五次下"西洋"，曾到达海峡北口西北岸。

**马六甲海峡**位于马来半岛南端、新加坡和印度尼西亚廖内群岛之间，连接印度洋和太平洋，是亚洲与中东、欧洲贸易的主要通道。

**台湾海峡**位于中国大陆与中国台湾之间，连接东海和南海，是东亚地区贸易和能源运输的重要通道。

**朝鲜海峡**位于朝鲜半岛东南部与日本九州岛、本州岛之间，是东亚海上交通要冲，为朝鲜半岛东西两岸海上联系的必经之路。

**白令海峡**位于俄罗斯与美国阿拉斯加之间，连接北冰洋和太平洋，是北极航线的关键部分，随着气候变化变得更加重要。

**巴拿马运河**位于巴拿马，连接大西洋和太平洋，大大缩短了美洲东西海岸及亚洲与美洲东海岸之间的航程。

**麦哲伦海峡**位于火地岛、克拉伦斯岛、圣伊内斯岛之间，东通大西洋，西连太平洋，是沟通南大西洋和南太平洋的重要航道。

**德雷克海峡**位于南美洲南端与南设得兰群岛之间，是沟通南大西洋和南太平洋的重要通道，是世界上最宽和最深的海峡。

## 02 船舶航线设计考虑的因素有哪些？

船舶航线设计是一个复杂的过程，需要综合考虑航行安全、经济效益、环境保护和法规要求等多方面因素。以下是船舶航线设计的主要步骤和考虑因素：

**确定航线的起点和终点** 明确航线的出发港和目的港。考虑中途是否需要挂靠其他港口（如装卸货物、补给燃料等）。

**收集和分析航行资料** 使用最新的电子海图或纸质海图，了解海域的水深、地形、障碍物等信息；获取航行区域的气象预报，包括风、浪、流、雾、冰情等；分析航行区域的潮汐和潮流数据，确定最佳通过时间；查阅相关航行通告，了解临时性障碍物、军事演习、禁航区等信息。

**选择航线** 最短航线通常在开阔海域，通过选择大圆航线以缩短航行距离；安全航线要求避开浅滩、礁石、沉船、战乱等危险区域；经济航线选择需要考虑燃油消耗、航行时间、港口费用等；气象航线选择需要根据气象预报避开恶劣天气和海况。

**确定航点** 在航线上设置一系列航点，作为船舶航行的参考点。航点应避开危险区域，并考虑转向点、报告点等特殊要求。

**计算航线参数** 航线参数包括航程、航向和航行时间等。计算每个航段和整个航线的距离；确定每个航段的航向以确保船舶安全、高效航行；根据船舶速度和航程来估算每个航段和整个航线的航行时间。

**考虑法规和限制** 遵守国际海事组织的相关规定，如避碰规则、船舶定线制等；遵守港口国规定，了解目的港和中途港的港口规定，如引航、拖船、检疫等要求；遵守防止海洋污染的相关规定，避免通过敏感生态区域。

**风险评估和应急预案** 评估航线上的潜在风险，如恶劣天气、海盗活动、交通密集区等；制定应对突发情况的预案，如避风、改航、紧急救援等。

**使用电子导航系统** 使用电子海图显示与信息系统进行航线设计和监控；利用 GPS 等全球卫星导航系统进行精确定位和导

航；通过船舶自动识别系统监控周围船舶的动态，避免碰撞。

**船长审核和公司批准** 船长对设计的航线进行审核，确保其安全性和可行性；航运公司对航线进行最终批准，必要时进行调整。

**航行中的监控和调整** 在航行过程中，实时监控船舶位置、航向、速度等参数；根据实际情况（如天气变化、交通状况）对航线进行动态调整。

## 03 船舶航行过程中的风险有哪些？

船舶航行过程中可能面临多种风险，主要归为以下几类：

### 自然与环境风险

**恶劣天气与海况** 台风等强风会引发巨浪，导致船舶倾覆或结构损伤，如 2020 年 ONE Apus 号遭遇台风致 1816 个集装箱落海；大雾会增加碰撞风险；北大西洋和北极等航线需防冰山和浮冰。

**洋流与潮汐异常** 异常洋流，如厄尔尼诺引发的洋流变化会影响航速与航线稳定性；极端潮差，如加拿大芬迪湾等某些港口的潮差达 16 米，易导致搁浅。

**地震与海啸** 海底地震可能引发海啸，对近岸船舶造成毁灭性冲击（如 2011 年日本海啸）。

### 技术性风险

**机械故障** 主机故障会导致船舶失去动力，需紧急拖航（日

## 第八章 航运安全与监管

均拖航成本超 10 万美元）；舵机失灵会让船舶丧失转向能力，尤其在狭窄航道（如马六甲海峡），舵机失灵会造成极大的风险。

**导航系统失效** 部分地区（如黑海）存在 GPS 信号干扰，需要依赖传统天文导航；雷达/电子海图数据更新延迟可能误标障碍物。

**船体结构损伤** 老旧船舶由于金属疲劳易出现焊缝开裂，如 2019 年 Stellar Daisy 号的沉没就与金属疲劳、焊缝开裂有关；未密封货舱遇浪涌导致货舱进水、货物损毁。

### 人为因素风险

**操作失误** 港口复杂水域需引航员协助，但引航员失误可能导致事故，如 2021 年长赐轮搁浅苏伊士运河；值班疲劳会导致船员反应能力下降。

**管理缺陷** 未按计划检修设备（如救生艇故障），造成维护不足；培训缺失，尤其是新船员接受培训不到位，致使其不熟悉应急程序（如消防演练）等。

**海盗与武装袭击** 西非几内亚湾、东南亚马六甲海峡等海域为高风险海域。

### 货物相关风险

**危险品泄漏** 化学品反应，如硝酸铵不当存储引发爆炸（2020 年贝鲁特港事故）；液化气泄漏，LNG 船泄漏可导致低温冻伤和爆炸。

**货物移位与损坏** 绑扎失效，如 2018 年 MSC Zoe 号集装箱堆垛倒塌，导致 270 个集装箱丢失）；冷藏船断电会导致货物腐败，相应的索赔额可达数百万美元。

## 04 如何保障海上航行安全？

保障船舶海上航行安全是一个系统工程，涉及船舶本身、船员、管理以及外部支持等多个方面，具体措施如下：

**确保船舶适航**　定期维护保养、及时更新升级设备、严格船舶检验等。

**合理配载货物**　准确掌握货物信息、科学规划配载方案等。

**严格船员选拔与培训**　高标准选拔船员、持续开展专业培训等。

**完善安全管理制度**　建立健全安全管理体系、强化安全监督考核等。

**做好航行计划与监控**　制订详细航行计划、实时监控船舶动态等。

**加强海事监管与服务**　严格海事执法检查、提供海事信息服务等。

**提升海上应急救援能力**　建立完善应急救援体系、开展区域应急合作等。

## 05 船舶交会中的"会红灯"和"会绿灯"是什么意思？

舷灯是《国际海上避碰规则》（COLREGs）的核心术语，用于通过舷灯颜色判断船舶相对位置与避让责任。红色舷灯位于船舶左舷，覆盖左前方至左舷112.5度；绿色舷灯位于右舷，覆盖

第八章　航运安全与监管

右前方至右舷 112.5 度。在对遇和交叉相遇态势下，所谓"会红灯"是指单方或双方船舶采取避让行动，令两船左舷对左舷通过；所谓"会绿灯"是指单方或双方船舶采取避让行动，令两船右舷对右舷通过。

## 06 航标为什么被称为船舶的"指路明灯"？

航标为船舶航行提供关键的导航和安全保障，具体体现在以下方面：

**导航指引**　航标作为位置标识，能够精准标示航道、浅滩、礁石等危险区域，助力船舶有效避开障碍；同时，航标通过独特的灯光、颜色和形状，为船舶行驶指明方向，引导其沿正确航线航行。

**安全保障**　一方面，航标可标示危险区域，起到危险预警作用，提醒船舶谨慎航行，从而减少碰撞和搁浅风险；另一方面，在夜间或能见度低的恶劣天气条件下，航标的灯光和雷达反射器能持续提供导航支持，确保船舶安全航行。

**交通管理**　航标有助于实现航道分隔，合理规划船舶行驶路线，防止对向船舶相撞；在港口附近，航标还能引导船舶安全进出，维持港口的有序通航。

**国际标准**　航标遵循统一的国际规范，确保全球船舶都能准确理解其信号，保障国际航运的高效与安全。

**历史意义**　航标历史悠久，长期以来都是航海安全的重要工具，承载并象征着独特的航海文化。

## 07 航标的分类和功能有哪些？

航标是用于辅助船舶航行、标示航道、障碍物和危险区域的重要设施，有多种不同的分类标准。

按设置位置分类，航标包括沿海水域航标、内河航标和远洋航标。

**沿海水域**航标用于标示航道、港口入口、浅滩、礁石等。

**内河航标**设置在内陆河流、湖泊等水域，用于标示航道、桥梁、浅滩等。

**远洋航标**设置在远洋海域，通常用于标示重要的航线或危险区域。

按用途分类，航标包括航道标示航标、危险标示航标、转向标示航标和锚地标示航标。

**航道标示航标**用于标示航道的边界和方向。

**危险标示航标**用于标示浅滩、礁石、沉船等危险区域。

**转向标示航标**用于标示航道的转向点。

**锚地标示航标**用于标示锚地的位置和范围。

按功能分类，航标包括视觉航标、灯塔、灯船、浮标、立标、音响航标、雾笛、钟声浮标、无线电航标、雷达反射器、无线电指向标、卫星航标。

**视觉航标** 通过视觉信号（如颜色、形状、灯光）为船舶提供导航信息。

**灯塔** 高大的固定结构，通常设置在海岸线或岛屿上，发出

## 第八章 航运安全与监管

强光以标示航道或危险区域。

**灯船** 浮动的航标，通常设置在航道入口或危险区域，配备灯光和信号设备。

**浮标** 浮在水面上的航标，用于标示航道边界、浅滩、礁石等。

**立标** 固定在水中的立柱状航标，通常用于标示航道或障碍物。

**音响航标** 通过声音信号（如雾号、钟声）在能见度低时提供导航信息。

**雾笛** 在雾天或能见度低时发出声音信号，帮助船舶定位。

**钟声浮标** 浮标上装有钟，通过波浪运动发出声音信号。

**无线电航标** 通过无线电信号（如雷达反射器、无线电指向标）为船舶提供导航信息。

**雷达反射器** 增强雷达信号的反射，帮助船舶识别航标。

**无线电指向标** 发射无线电信号，帮助船舶确定方位和位置。

**卫星航标** 通过卫星定位系统（如GPS、北斗）为船舶提供精确的定位和导航信息。

航标还有其他分类方法：按形状可分为球形、锥形、柱形航标，用以传递特定的导航信息；按颜色可分为红色、绿色、黄色航标，标示航道的左右侧或特定区域；按灯光信号可分为持续发光的固定光航标、定期闪烁灯光的闪光航标、灯光交替的明暗光航标、通过莫尔斯码传递特定信息的莫尔斯码光航标。

海上航标的主要功能包括：

**标示航道** 帮助船舶识别航道的边界和方向。

**标示危险区域** 警示船舶避开浅滩、礁石、沉船等危险区域。

**提供定位信息** 通过灯光、声音、无线电信号等方式,帮助船舶确定位置和方位。

**辅助导航** 在能见度低或复杂水域中,提供额外的导航信息,确保航行安全。

航标是航行安全的重要组成部分,不同类型的航标共同构成了一个完整的导航系统,确保船舶能够安全、高效地航行。

## 08 锚地在船舶安全方面发挥什么作用?

锚地是供船舶在水上抛锚以便安全停泊、避风防台、等待检验引航、从事水上过驳、编解船队及其他作业的水域。应选择水深适宜、水底平坦、锚抓力好、有足够面积且风、浪、流较小、远离礁石、浅滩便于定位的水域作为锚地。锚地通常位于港口、海湾或河流中,具备良好的水深、底质和避风条件,是船舶航行和港口运营的重要组成部分。锚地的作用如下:

**船舶停泊** 供船舶等待靠泊或进港、装卸货物、维修或避风时停泊。

**避风避险** 在恶劣天气或海况时,为船舶提供安全的避风避险场所。

**货物中转** 用于船舶之间的货物中转,特别是在港口拥挤或无法直接靠泊时。

**船舶维修** 供船舶进行简单维修或等待进一步维修安排。

**军事用途** 军用锚地供军舰停泊、补给和训练。

第八章　航运安全与监管

## 09 拖船在航行安全上的作用是什么？

拖船是一种专门用于拖曳、推动和协助其他船舶移动的小型动力船舶，其主要作用如下：

**协助大型船舶进出港口**　拖曳和推动，大型船舶在狭窄或拥挤的港口水域中机动性受限，拖船通过拖曳或推动帮助其安全进出港口；精准定位，在靠泊和离泊时，拖船协助大型船舶进行精准定位，确保安全操作。

**协助船舶通过狭窄或复杂水域**　航道导航，在狭窄航道、运河或复杂水域，拖船引导船舶安全通过，避免搁浅或碰撞；紧急救援，在船舶失去动力或操控能力时，拖船提供紧急拖曳服务，将其拖至安全区域。

**协助海上作业**　海上平台支援，拖船为海上石油钻井平台、浮式生产储油船等提供拖曳、定位和支援服务；海上施工，在海上施工（如海底管道铺设、风电安装）中，拖船协助工程船舶的移动和定位。

**协助船舶靠泊和离泊**　靠泊，拖船帮助大型船舶在码头靠泊时调整位置，确保安全停靠；离泊，拖船协助船舶从码头离泊，确保其安全进入航道。

**海上救援**　事故救援，在船舶发生事故（如搁浅、碰撞）时，拖船参与救援，将其拖离危险区域；火灾救援，部分拖船配备消防设备，可参与船舶火灾的救援。

**其他辅助功能**　破冰，在冰区航行的拖船具备破冰能力，为其他船舶开辟航道；污染控制，部分拖船配备油污清理设备，参与海上油污清理工作。

拖船在协助大型船舶进出港口、通过复杂水域、海上作业、靠泊离泊、海上救援等方面发挥重要作用，是港口和海上作业中不可或缺的辅助船舶。

## 10 船舶靠什么保证足够的浮力和稳性？

船舶依靠足够的浮力和稳性的保证来确保安全航行。

浮力是船舶能够漂浮在水面上的基本力，主要由阿基米德原理决定。船舶通过以下方式保证足够的浮力：

**船体设计** 船体的形状和尺寸经过精确计算，确保其排水量（即船体浸入水中的体积）足以产生与船舶总重量相等的浮力。船体通常设计为空心结构，以增加排水体积，同时减少自身重量。

**水密舱室** 船体被划分为多个水密舱室，即使部分舱室进水，其他舱室仍能提供足够的浮力，防止船舶沉没。

**载重控制** 船舶的载重量（包括货物、燃料、压载水等）必须控制在设计范围内，以确保浮力足够。

稳性是指船舶在外力作用下倾斜后能够恢复平衡的能力。船舶通过以下方式保证足够的稳性：

**重心控制** 船舶的重心位置对稳性至关重要。重心越低，稳性越好。因此，船舶设计时会尽量将重型设备（如发动机、燃料舱）布置在较低位置。货物的装载需要均匀分布，避免重心过高或偏移。

**稳心高度** 稳心是船舶浮心曲线的曲率中心。稳心高度

（GM，即稳心与重心之间的垂直距离）是衡量稳性的重要指标。GM 值越大，船舶的稳性越好。通过调整压载水或货物分布，可以优化稳心高度。

**船体形状**　船体的宽度（型宽）和底部形状影响稳性。较宽的船体和扁平底部能提供更好的初稳性（小角度倾斜时的稳性）。

**舭龙骨和减摇装置**　舭龙骨是安装在船体两侧的纵向结构，用于减少横摇。一些船舶还配备减摇鳍、减摇水舱等装置，进一步提高稳性。

**倾斜试验**　船舶建造完成后会进行倾斜试验，以确定其实际重心位置和稳性参数，确保符合设计要求。

其他辅助措施包括：

**压载水系统**　船舶通过调整压载水的分布来平衡船体，确保在不同装载状态下保持足够的浮力和稳性。

**定期维护和检查**　船体结构的完整性对浮力和稳性至关重要，因此需要定期检查船体是否有腐蚀、裂缝或损坏。

**航行限制**　根据船舶的稳性数据，制定合理的航行限制（如最大载重量、允许的海况条件等），以确保安全。

## 11 什么是"船吸效应"？

船吸效应是两船间在较近距离驶过时出现的吸引、排斥、转头和波荡等相互作用的现象，由两船靠近时破坏了船舶两舷水流的对称性而产生。航行中的船舶，首尾处水位升高，压力增加，给临近的他船以排斥作用；船中部附近的水位下降，压力降低，给临近的他船以吸引作用；船舶斜方向上与散波遭遇时，处于波峰的船体受波的前进方向的力，处于波谷处的船体受波的相反方向的力，构成力矩使船首转动，船舶因相对于他船行波位置的不同而受到向前加速和向后减速的作用，形成波荡。增大两船间距，适当降低航速是防止船吸效应的有效方法。

避免船吸效应的常用方法如下：

**保持安全距离**　在航行时，尽量与其他船舶、岸壁或浅滩保持足够的安全距离。

**控制航速**　降低航速可以减少船吸效应的影响，尤其是在狭窄水域或靠近岸壁时。

**提前规划航线**　在狭窄航道或港口内航行时，提前规划航线，避免与其他船舶或障碍物过于接近。

**加强瞭望和沟通**　在近距离航行时，加强瞭望并与对方船舶保持沟通，协调行动以避免危险。

## 12 什么是船舶呼号和水上移动业务标识？

　　船舶电台有多种标识，其主要作用是区别不同的船舶或不同的通信业务，早期只有一个船名，但随着海上无线电通信技术的发展，相继诞生了船舶呼号（Call Sign）、水上移动业务选择性呼叫号码（Selcall Number）、水上移动业务标识（Maritime Mobile Service Identity，MMSI）和 INMARSAT 移动业务标识码（IMN）等识别，除船名外，这些标识都由国际电信联盟统一分配给不同的国家和地区，再由其主管部门具体分配给船舶。

　　由国际电信联盟分配的用于识别移动电台和海岸电台的字母或字母与数字的组合称为呼号。国际电信联盟划分配给中国的呼

# 第八章 航运安全与监管

号范围是 BAA-BZZ、XSA-XSZ 和 3UA-3UZ。

为方便公众通信网络的电话或电报（传）用户与船台间通信的自动接续，1983 年世界无线电行政大会制定了水上移动业务标识数字划分表，并将从事水上移动业务的船台、船站、岸台等统一以九位数字码来标识。

## 13 什么是船舶自动识别系统？

船舶自动识别系统（Automatic Identification System，AIS）是工作在甚高频（Very High Frequency，VHF）频段上的船舶与岸基的广播和接收系统，能将船舶识别码、船位、艏向、航速、船长、航行状态、目的港、预计到达时间和货物类型等自动传送给其他船舶和岸上的 AIS 设备，保障船舶的航行安全。

AIS 的目的是协助改善船舶航行安全和航行效率，保护环境，提高船舶交通服务（Vessel Traffic Service，VTS）的工作性能。船载 AIS 设备应能够自动发送本船信息，包括本船静态、动态和航次信息；自动接收装有 AIS 设备的他船或岸站的 AIS 信息；支持船—船、船—岸的短信息交流；提供其他辅助信息以避免碰撞发生；实现船舶信息的远距离传输和管理。

## 14 船舶发生火灾时应如何应对？

船舶发生火灾是非常危险的情况，需要船员保持冷静，按照

· 175 ·

既定的应急预案和操作流程迅速采取行动，一般包括以下措施：

**发出火灾警报** 报告火灾的具体位置、火势大小和燃烧物质等，船长或指定人员立即向附近的船舶或海事管理机构发出求救信号，报告船舶的位置、火灾情况以及所需的援助。

**采用就近合适的灭火设备** 如扑救油类火灾可使用泡沫灭火器，电气火灾则应使用二氧化碳灭火器等进行初期灭火，关闭火灾发生区域的通风系统，以减少氧气供应。

**定点集合确保安全撤离** 听到警报后，船员按照船舶的应急部署表到达指定的集合地点，确保安全撤离。

**防止火势蔓延** 利用关闭防火门、水密门，使用防火帘等方式，阻止火势向其他区域蔓延。使用消防水枪对火灾区域相邻的舱壁、甲板等进行冷却，防止火势蔓延。

**配合救援** 在外部救援力量到达后，船长应及时向救援人员介绍船舶的结构、火灾情况等信息，积极配合救援工作。火被扑灭后，做好火灾原因调查和损失评估与恢复等工作。

## 15 船舶发生搁浅时应如何应对？

船舶发生搁浅时，船员要保持冷静，按照既定的应急预案和操作流程迅速采取行动，一般包括以下措施：

**立即评估搁浅情况** 立即评估船体倾斜角度、搁浅位置（是浅滩、礁石还是泥底等）等，初步判断搁浅的严重程度。检查船舶损伤情况，确认是否有船体进水。

**发出求救信号** 清晰报告船舶的位置、搁浅情况及所需的援助，白天可在船上显眼位置悬挂国际信号旗"X"或其他明显的求救标志,夜间则开启船舶的信号灯或使用手电筒等发出闪烁的灯光信号,以引起周围船只的注意。

**采取船舶处置应急措施**  采取固定船舶、调整压载水保持船舶平衡和停止船舶主机、辅机相关设备等操作,避免船舶处置不当引起的包括燃油泄漏等次生灾害的发生。

**发出警报**  按照船舶应变部署表,通过警报和广播系统通知所有船员到指定的安全区域集合,穿戴好救生衣等个人防护装备,以防船舶出现突然的倾斜、下沉等危险情况。

**保持通信畅通,等待救援**  当救援力量到达后,积极提供信息协助救援工作。船舶脱浅后,对船舶进行全面检查和评估,总结经验教训,防止类似事故再次发生。

## 16 船舶发生碰撞时应如何应对?

船舶发生碰撞险情,需要船员保持冷静,按照既定的应急预案和操作流程迅速采取行动,一般包括以下措施:

**拉响警报停船检查**  拉响全船警报,迅速查看碰撞部位、碰撞角度、碰撞力度,初步判断船体受损程度,同时观察船舶是否有倾斜、进水等情况。尽快停止船舶主机运行,避免碰撞后因船舶继续移动造成更严重的损坏或次生事故。

**紧急集合,检查检员,紧急救治**  船员听到警报后,按照应急部署表迅速到指定的集合地点集合,各部门负责人及时清点人数,确保所有船员都已到达安全区域,同时查看是否有人员受伤。若有人员受伤,立即启动船上的医疗应急预案,组织船上的医护人员或经过急救培训的船员对伤员进行紧急救治。

**检查火灾隐患**　检查碰撞区域及周边是否有火灾隐患，如电气短路、燃油泄漏等。若有燃油泄漏，要及时采取措施防止燃油扩散，并严禁任何火源和可能产生火花的行为，防止引发火灾或爆炸。

**保持船舶内部通信畅通，请求救援**　各岗位人员及时向船长报告现场情况，以便船长全面了解碰撞后的船舶状态，做出正确的决策。船长或指定人员迅速向附近的船舶或海事主管机关报告船舶碰撞的具体情况，包括船舶位置、碰撞双方船舶的名称、受损情况、人员伤亡情况等信息，请求救援和支持。

**采取船舶处置应急措施**　视情况合理使用锚具等将船舶固定在当前位置，防止船舶因水流、风浪等因素发生漂移，造成新的危险或影响后续救援工作。积极配合事故调查，做好损失评估与保险理赔等后续工作。

## 17  船舶发生油污染时应如何处理？

　　船舶油污染事件的处理是一个复杂而系统的过程，需要政府、企业和社会各界的共同努力来确保海洋环境的安全与清洁。通过科学有效的应急响应、详细的方案制订与实施、持续的监测与评估以及后续的总结与完善，可以最大限度地减少对海洋环境的影响，并保障船舶运输的安全与可持续发展。

**总体应急响应与初步处理**　立即采取措施停止污染源的排放，防止污染进一步扩散，启动应急响应机制，确认污染的类型、规模、地点及影响范围，同时评估污染的严重程度和可能带来的后果。

第八章　航运安全与监管

**详细应急方案制订与实施**　根据污染事故的实际情况，制定详细的应急处理方案，包括确定污染清除的具体方法，如使用围油栏围控污染物、机械式海面溢油回收装置回收污染物等。同时，明确各部门的职责分工，组织专业人员进行污染清理和处置工作。

**监测与评估**　定期监测污染物的浓度、扩散范围以及对生态环境的影响等。通过监测和评估结果，及时调整处理方案，确保处理效果达到预期目标。

**后续处理与总结**　当污染事故得到初步控制后，需要进行后续处理工作。这包括彻底清理污染源、恢复受污染区域的生态环境等。同时，对污染事故的处理过程进行总结和反思，提炼经验教训，完善应急预案和处理机制，提高应对突发事件的能力。

# 18 船舶遭遇海盗时应如何应对？

船舶遭遇海盗时，需要船员保持冷静，按照既定的应急预案和操作流程迅速采取行动，一般包括以下措施：

**保持冷静与沟通**　避免激怒海盗，立即通过船上的应急通信设备（如卫星电话等）向附近的船舶、海岸警卫队或海事主管机关发送求救信号，报告船舶的位置和遭遇海盗的情况等。

**启动声光报警**　发出强烈的声光信号，一方面可以吓阻海盗，另一方面也能引起附近船舶的注意。利用船上的消防水龙带等设备，向靠近的海盗船喷水，阻止海盗靠近和登船。

**适当调整船速和航向**　在确保船舶安全的前提下，使海盗船难以靠近或登船，增加海盗登船的难度。同时关闭船舶上所有通往外部的通道、舱门等，船员集中到安全舱，等待救援。

**海盗登船后应在安全舱等待救援** 若海盗登船，应避免与海盗发生直接冲突，在安全舱等待救援，并协助向有关部门提供遭遇海盗的详细情况。

遭遇海盗后，应对船舶进行全面检查，评估船舶的受损情况，总结经验教训，进一步完善防海盗应急预案和措施，提高船舶的防海盗能力。

# 19 什么是海难救助？关键点是什么？

海难救助又称海上救助，是指在海上或者与海相通的可航水域，对遭遇危险的船舶、货物和其他财产以及人员进行的救助行为。以下是海难救助的关键点：

**救助主体**包括专业救助力量和过往船舶及飞行器。专业救助力量包括专业救助船舶、飞机及救助人员等，如交通运输部北海救助局、东海救助局和南海救助局等专业救助机构。过往船舶及飞行器主要是指发生海难时附近的过往商船、渔船等以及民用或军用飞行器。

**救助对象**包括各种类型的船舶，船上运载的各类货物，海难发生时船上的船员、乘客等人员的生命安全，和海上设施，如石油钻井平台、浮标等其他财产。

**救助行为**实施条件包括存在危险、自愿行为和有效果等三个方面。存在危险是指船舶、货物或人员必须面临真实的、紧迫的危险，这种危险可以是自然灾害导致的，也可以是人为事故造成的；自愿行为是指救助行为一般是出于救助方的自愿，而不是基

## 第八章 航运安全与监管

于法律规定的强制义务或合同约定；有效果是指根据海难救助的"无效果，无报酬"原则，救助方只有在实施救助行为后取得了一定的救助效果，如使船舶脱离危险、货物得以保全等，才能获得相应的救助报酬。由于纯人命救助的无偿性，仅涉及人员生命安全的救助行为不单独收取救助报酬，但救助方有权从财产救助或环境救助的报酬中获得合理份额。

## 20 打捞局和救助局的职能是什么？

打捞局和救助局虽同属救捞体系，但职能各有侧重，具体如下：

**打捞局的职能** 沉船沉物打捞、海洋工程服务、水下作业与技术支持、溢油及污染物清除和执行特殊任务等。以交通运输部上海打捞局为例，上海打捞局承担着北起江苏连云港南至闽粤交界处，东部海区的海上环境和财产救助、沉船沉物打捞清障等各类突发事件抢险救难任务，肩负国家指令性应急保障使命，履行国际公约及救助义务，多次参与我国内陆水域及国际水域救援行动。同时，全面实行国际化发展，具有国家海上一级打捞、海洋石油工程专业承包一级、港口与航道工程施工总承包二级等资质，是国际打捞工程、大型拖航、海洋工程和海上风电工程的主要承包商之一。曾先后在韩国、新喀里多尼亚、斯里兰卡、南非等国家或地区实施沉船打捞项目；远洋拖航、大件驳运业务遍及五大洲40多个国家，并在海上大型移动设施拖带、安装、守护，深水单点系泊系统安装、油田服务、海上钻井平台模块及导管架、重大件吊装、海上风电安装、水下电缆和管道铺设、膨胀弯安装、水下切割焊接等各类潜水作业服务、ROV探测等业务领域业绩突出。

**救助局的职能**　人命救助、船舶及财产救助、海上消防、应急抢险与灾害救援、国际义务履行与合作等。以交通运输部东海救助局为例,交通运输部东海救助局负责我国东部沿海及相关水域,即北起江苏连云港,南至福建东山岛区域内的水上人命救助。承担以人命救生为目的的海上消防工作、财产救助工作、特殊抢险救助任务等,履行有关国际公约和双边海运协定等国际义务,参与国际海上救助行动,与其他国家的救助力量开展合作与交流,完成国家交办的其他抢险救助等工作任务。

# 第九章　航运数智化与绿色化

　　航运数智化是数字化和智能化在航运业的融合应用，通过信息技术、大数据与航运业务的深度结合，实现航运运营、管理和服务的智能化和高效化，推动航运业高质量发展；航运绿色化通过清洁能源、低碳技术和环保措施减少污染排放，推动航运业可持续发展。航运数智化与绿色化已成为航运业转型升级的核心方向，其核心在于利用数字技术（如物联网、大数据、人工智能、区块链等）及低碳技术对航运技术和业务进行全方位的改造和优化，从而提高效率、降低成本、减少碳排放，实现航运绿色发展。

　　本章通过系统化的知识问与答，深入剖析航运数智化与绿色化的技术路径和政策导向，旨在帮助读者全面把握行业前沿动态，推动航运业开创安全、高效、环保的新局面。

全球首艘双翼动力风帆超大型油船新伊敦轮
招商局能源运输股份有限公司　供图

第九章 航运数智化与绿色化

## 01 航运业发展趋势表现在哪几个方面?

航运业发展趋势是指在全球化、技术进步、环保政策及市场变化驱动下,行业在技术应用、运营模式、能源结构、市场格局等方面呈现的长期变革方向,主要表现为:

**绿色低碳转型** 国际海事组织减排目标驱动行业脱碳,LNG、甲醇等清洁燃料逐步替代传统能源,船舶能效技术升级推动低碳化设计。

**智能化与自动化** 无人船技术试验推进,区块链与物联网实现物流透明化,人工智能优化航线规划与风险管理。

**市场结构调整** 供应链区域化提升近岸航运需求,跨境电商推动支线航运与快船服务发展。

**数字化转型** 数字平台普及降低交易成本,大数据动态优化运营效率,电子单证加速无纸化流程。

**船舶规模化** 建造超大型集装箱船(ULCS),以容纳更多货物,并应用于长途和高频次的航线。全球大部分贸易货物通过集装箱运输,标准化和高效的集装箱化运输将持续主导全球货运。

**风险应对** 地缘冲突催生多元航线布局,多式联运与分布式仓储增强供应链韧性。

航运业正通过技术革新与模式迭代,向更清洁、高效、灵活的方向演进,同时需应对环保压力、地缘冲突与市场需求变迁的多重挑战。

## 02 什么是区块链技术？

区块链技术在航运领域的应用处于开发探索阶段，有着广阔的应用前景。区块链涉及密码学、计算机技术、网络技术等多学科综合技术，其关键技术包括分布式账本技术、P2P网络技术、非对称性加密技术、共识机制以及智能合约技术，这些关键性核心技术构成一种新型的数据信息的存储和表达方式。

区块链技术的主要特征是去中心化、开放性、独立性、可靠性和匿名性。去中心化是指区块链上没有一个单一中心，自成一体，各节点能实现数据的自我验证，这是区块链最本质的特征。开放性是指区块链技术基础是开源的，除了交易各方的私有信息被加密外，区块链的数据对所有人开放，任何人都可以通过公开的接口查询区块链数据和开发相关应用，因此数据高度透明。独立性是指整个区块链系统不依赖其他第三方，所有节点能够在系统内自动安全地验证、交换数据，不需要任何人为的干预。可靠性是指区块链的数据安全可靠，不能被变更篡改。匿名性是指除非有法律规范要求，单从技术上来讲，各区块节点的身份信息不需要公开或验证，信息传递可以匿名进行。正因为这些技术和特征使区块链被看作数字社会解决信任问题最佳的解决方案，使之在未来形成一套高效的安全可靠的数据交换和交易体系。

## 03 什么是绿色船舶？

中国船级社在2022年发布的《绿色生态船舶规范》中提出，

## 第九章 航运数智化与绿色化

采用先进技术在其生命周期内能安全地满足其预定功能和性能，同时实现提高能源使用效率，降低温室气体（Greenhouse Gas，GHG）排放，减少或消除对人类健康危害和生态环境污染破坏，提升资源有效循环利用的即为绿色生态船舶（以下简称"绿色船舶"）。绿色船舶的三个基本要素如下：

**技术先进性**　技术先进性是绿色船舶设计、制造和使用的前提。如果一种船舶连其功能和基本的使用性能都不能可靠地实现，不能满足用户要求，就根本谈不上它的环境协调性和经济合理性。绿色船舶的技术先进性强调在船舶的整个寿命周期中采用先进的技术，从技术上保证安全、可靠、经济地实现船舶产品的各项功能和性能，保证在船舶的寿命周期中具有良好的环境协调性，保证绿色产品的设计、制造和使用企业具有较大的技术领先性和较强的市场竞争力。

**环境协调性**　绿色船舶的环境协调性体现在节省资源、节省能源、保护环境以及保护劳动者四个方面上，但是仅仅在船舶寿命周期某个阶段中具备环境协调性的船舶并不能称为绿色船舶。所以，绿色船舶的定义包含的范围很广，在生命周期的各个阶段船舶的绿色性都有其特点，因此应根据船型的特征，针对船舶对环境影响显著的生命阶段和主要影响要素来进行分析和论证。

**经济合理性**　从寿命周期的角度来看，绿色船舶的成本包括企业成本、用户成本和社会成本，即所谓的绿色产品寿命周期成本。一种类型的船舶无论它技术有多先进、环境协调性有多好，若不具备用户可以接受的价格，就不可能走向市场。可见经济性是绿色船舶必不可少的因素之一。

绿色船舶在强调产品技术和经济性的传统船舶基础上有了新

的发展，提出了船舶的环境协调性——即产品在其寿命周期中要有效地节省资源和能源，保护环境和人类的健康。总之，只有在产品寿命周期中将技术先进性、环境协调性以及经济合理性有机地融合为一体，才能获得真正意义上的绿色船舶。

## 04 提升船舶能效的方式有哪些？

提升船舶能效有很多种方法，简单来说，主要分为基于技术和基于营运两大类。

**基于技术提升船舶能效** 国际海事组织提出国际航运碳强度指标、实施船舶能效指数，2013年以后新建造的400总吨及以上的船舶使用船舶能效设计指数（Energy Efficiency Design Index，EEDI），2022年11月以后现有所有400总吨及以上船舶使用船舶能效指数（Energy Efficiency Existing Ship Index，EEXI）（部分大型散货船、大型油船、中小型集装箱船以及滚装客船和滚装货船有所放宽）。因此，船舶在基于技术方面的具体操作有船舶轴/主机功率限制、主辅机改装、加装轴带发电机、应用新能源（例如液化天然气、风能、燃料电池、氨能、太阳能、氢能、生物燃料等）、使用节能措施（例如船底空气润滑减阻、防污节能环保涂料、舵优化、螺旋桨优化、组合式水动力装置、废热回收等）等。

**基于营运提升船舶能效** 国际海事组织对于所有400总吨以上所有船舶强制实行船舶能效管理计划（Ship Energy Efficiency Management Plan，SEEMP），对符合要求的船舶签发与燃油消耗相关的符合性声明。2023年起对5000总吨以上船舶强制实行碳

第九章　航运数智化与绿色化

强度指标（Carbon Intensity Indicator，CII），确定船舶 CII 评级，符合要求的船舶签发与燃油消耗相关的符合性声明。如果被评为 E 级或者连续评为 D 级 3 年，则需要采取纠正措施并经主管机关或经授权的组织验证方可签发。因此，船舶在基于营运方面的具体操作有航速优化、航线优化、气象导航、纵倾优化、航次计划优化、虚拟到达、压载优化、船队营运管理优化、船体清洁、照明管理优化、船舶岸电等。

## 05 新兴的低碳或零碳船用燃料主要有哪些？各有什么特点？

当前主要的低碳或零碳船用燃料主要有液化天然气、氨、氢、甲醇、生物燃料、电制燃料和核能。

**液化天然气**是目前应用最广泛的低碳燃料之一，相比传统船用燃料（如重油），LNG 的二氧化碳排放量减少约 20%~30%，且几乎不排放硫氧化物和颗粒物。在中短期内，天然气是向零碳燃料过渡的燃料，而且 LNG 储运等技术成熟，基础设施完善。但是，天然气的主要成分是甲烷，甲烷是一种强效温室气体，所以要防止天然气泄漏，且 LNG 仍属于化石燃料，无法实现零碳排放。

**氨**是一种零碳燃料，燃烧时不产生二氧化碳，适合作为长期替代燃料。氨的生产可以通过可再生能源（绿氨）实现完全零碳，且能量密度较高。但是，氨具有毒性和腐蚀性，储存和运输需要特殊设备，且燃烧时可能产生氮氧化物。

**氢**燃烧只产生水，是一种理想的零碳燃料，尤其是绿氢（通过可再生能源电解水制得），但是其能量密度低，储存和运输需要高压或低温条件，基础设施尚未完善，成本较高。

**甲醇**是一种低碳燃料，燃烧时二氧化碳排放量较低，且可以通过可再生能源生产（绿醇）。甲醇易于储存和运输，技术相对成熟，是中短期内向零碳燃料过渡的燃料。但是，甲醇的能量密度较低，且传统甲醇生产仍依赖化石燃料。

**生物燃料**泛指由生物质组成转化或萃取的固体、液体或气体燃料，包括生物柴油、燃料乙醇、燃料甲醇等，其碳排放量显著低于传统燃料，可直接用于现有船舶发动机，无须大规模设备和设施改造。但是，生物燃料供应有限，生产成本较高，且大规模生产可能对土地利用和粮食安全产生影响。

**电制燃料**通过可再生能源发电，利用二氧化碳和氢气合成，如电制甲醇、电制柴油等。电制燃料完全零碳，且可与现有燃料基础设施兼容，但生产成本高，技术尚未完全成熟，能源转换效率较低。

**核能**几乎不产生碳排放，适合大型船舶，能量密度极高，续航能力强，但是其存在安全性、核废料处理及公众接受度等问题。

综上所述，短期过渡燃料包括 LNG、甲醇和生物燃料，是较为可行的选择；长期零碳目标燃料中，氨、氢和电制燃料更具潜力，但需克服技术和成本障碍；核能适用于特定场景，但推广难度较大。

## 06 国际海事组织主要采取了哪些阶段性措施来实现船舶温室气体减排战略目标？

国际海事组织为实现船舶温室气体（GHG）减排战略目标，采取了以下阶段性措施：

## 第九章　航运数智化与绿色化

### 初步措施（2013 年之前）

**能效设计指数（EEDI）**　2009 年提出，2013 年生效，要求新造船提高能效。

**船舶能效管理计划（SEEMP）**　2011 年通过，2013 年生效，要求现有船舶制订能效管理计划。

### 短期措施（2018—2023 年）

**IMO GHG 减排初步战略**　2018 年通过，目标是到 2030 年碳排放强度比 2008 年降低 40%，到 2050 年总排放量减少 50%。

**加强 EEDI 要求**　逐步提高新造船的能效标准。

**数据收集系统**　2019 年生效，要求 5000 总吨以上船舶报告燃料消耗数据。

### 中期措施（2023—2030 年）

**碳强度指标（CII）**　2023 年生效，要求船舶逐年降低运营碳强度。

**现有船舶能效指数（EEXI）**　2023 年生效，要求现有船舶达到特定能效标准。

**市场机制**　考虑引入碳定价或排放交易系统。

### 长期措施（2030 年之后）

**零碳燃料推广**　推动使用氨、氢等零碳燃料。

**技术创新**　支持低碳和零碳技术的研发与应用。

**全面减排目标**　力争 2050 年实现净零排放。

国际海事组织还通过技术合作计划，帮助发展中国家实施减排；通过与其他国际组织合作，推动全球航运业减排，推动行业向低碳和零碳未来转型。

## 07 什么是智能船舶？

智能船舶是融合了人工智能、物联网、大数据等技术的先进船舶系统，具备自主航行、环境感知、故障预测和智能决策等功能。

根据中国船级社《智能船舶规范》（2024），智能船舶指利用传感器、通信、物联网、互联网等技术手段，自动感知和获得船舶自身、海洋环境、物流、港口等方面的信息和数据，并基于计算机技术、自动控制技术和大数据处理分析技术，在船舶航行、管理、维护保养、货物运输等方面实现智能化运行的船舶，以使船舶更加安全、环保、经济和可靠。

## 08 智能船舶包含哪些功能模块和关键技术？

智能船舶的功能模块分为智能航行、智能船体、智能机舱、智能能效管理、智能货物管理和智能集成平台、远程控制和自主操作；相应的关键技术包括信息感知技术、通信导航技术、能效控制技术、航线规划技术、状态监测与故障诊断技术、遇险预警救助技术、驾机一体化和自主航行技术等。

第九章 航运数智化与绿色化

## 09 船舶智能化水平分为哪几个等级？各有什么特点？

国际海事组织从是否有船员配备的角度将智能船舶分为 4 级；罗尔斯 - 罗伊斯（Rolls-Royce）公司从船舶自主化的能力出发将智能船舶划分为 5 级；英国劳氏船级社（LR）基于网络访问的权限将智能船舶分为 6 级；法国船级社（BV）根据船舶的自动化程度与人员的控制模式将智能船舶分为 5 级；美国船级社（ABS）根据人对船舶所必需的干预程度将智能船舶划分为 4 级。我国相关船舶设计和研究机构将智能船舶归纳划分为 5 级：

**L1 级（辅助决策）** 船上需配备船员，由人员进行操控，智能系统仅提供数据采集和辅助决策功能，电子海图显示与信息系统、船舶自动识别系统等数据需要人员进一步参与处理与分析。

**L2 级（部分自主）** 船上需配备船员，由人员进行操控，智能系统能够在人员的监督和指导下完成部分任务，并且能够通过自动舵、发动机监控系统等实时自主监测船上数据。

**L3 级（有条件自主）** 船上需配备船员，由人员和系统协同操控船舶，智能系统能够实时监控数据，实现自主完成或在远程操控下完成船上的主要操作，其他场景下需要人员进行操作和决策。例如自动避碰系统、航线优化系统。

**L4 级（高度自主）** 船上无须配备船员，自动驾驶系统、智能维护系统等能够实现高度自主完成船上的绝大多数操作，仅在一些特殊情况下才需要人员参与操作。

**L5 级（完全自主）** 船上无须配备船员，智能系统能够自主决策并完成操作，无须人员干涉。

## 10 智能船舶的出现会对船员产生哪些影响?

智能船舶的出现和发展有力地推动航运的发展,同时也给船员带来机遇和挑战。一方面船舶对传统船员的依赖程度在降低,另一方面对复合型船员的需求在增加。具体体现在以下方面:

**船员职责** 伴随着智能船舶的发展,将会有更多的船舶操作和监控由岸基或机器负责。传统的驾驶员、轮机员的职能由船上操作转变为在船监督或岸基监控。以"岸基驾控为主、船端支持为辅"的新模式将为船员带来工作属性的转变。

**船舶配员** 目前普通货轮的平均配员在18~30人,但在20世纪50年代,普通货轮的平均配员在40~50人。按照国际海事组织对智能船舶的自主等级划分来看,传统船员的需求将随着智能船舶的发展逐步减少。

**适任要求** 随着智能船舶的发展,对船员的适任要求也会随之提高,需要有扎实的航海基础和良好的船艺,能够掌握智能化、数字化技术专业知识等。目前船员的能力可以较完整地被覆盖在STCW公约体系之内,但随着航海技术的发展,STCW公约也会不断修订,会提出以满足智能船舶适任的新要求,因此,还需要船员具有知识更新的能力。

## 11 影响智能船舶自主避障的关键因素有哪些?

智能船舶自主避障是指通过使用先进的导航和控制系统,配

第九章 航运数智化与绿色化

备各种传感器和技术,融合算法系统,能够实时监测船舶周围环境,使得船舶能够在水域中自主感知环境,并及时做出调整,以实现自主避障。在船舶自主避障控制方面,多种方法被用于整合来自不同传感器的信息,以实现有效的避障,如人工势场避障控制法、模糊逻辑控制避障法、人工神经网络避障控制法、栅格法避障控制法、声波避障控制法等。智能船舶自主避障的关键因素包含船舶安装的传感器性能、数据质量、环境感知能力、避障决策算法、通信与协同能力、船舶操纵性能、水域环境等。

## 12 减少港口污染排放的主要举措有哪些?

随着环境保护日益受到重视,建设绿色港口已成为世界港口发展的主要趋势。港口减少污染排放的举措主要集中在清洁能源应用、设备升级、优化运营管理以及绿色技术推广等方面。具体措施如下:

**推广清洁能源** 港口逐步用电动设备(如电动集卡、电动堆高机)替代传统柴油设备。鼓励船舶使用液化天然气作为燃料,减少硫氧化物和氮氧化物的排放。为靠港船舶提供岸电,减少船舶在港期间使用燃油发电造成的污染。

**设备升级与技术改造** 采用自动化岸桥、轨道吊和无人驾驶集卡,减少设备空驶率和能源浪费。例如,洋山四期码头通过自动化设备降低能耗20%以上。在设备中应用能量回收系统,如轨道吊的势能回收技术,将制动能量转化为电能储存再利用。推广使用符合国际排放标准的港口机械,减少氮氧化物和颗粒物排放。

**优化运营管理**　通过 AI 和大数据优化船舶靠泊计划和设备调度，减少设备空转和等待时间，降低能耗。例如，青岛港的"智慧大脑"系统可实时优化作业流程。改进装卸工艺，减少二次搬运和空驶率。再如，北部湾钦州码头的"U 型工艺"显著降低了设备运行距离和能耗。鼓励船舶在靠近港口时减速航行，减少燃料消耗和排放。

**推广绿色技术**　在港口区域试点碳捕集技术，减少二氧化碳排放。在港口建筑和堆场安装太阳能光伏板，利用可再生能源供电。例如，天津港的光伏发电项目年发电量达数百万千瓦时。建设港口污水处理设施，实现废水循环利用，减少污水排放。

## 13 建设绿色低碳港口的主要途径有哪些？

绿色低碳港口建设的主要途径可以从多个方面入手，以下是一些关键的途径：

**完善顶层设计与标准体系**　政府应制定和完善绿色低碳港口的相关政策法规，明确发展目标、任务和责任，为港口的绿色低碳发展提供政策依据和保障。加快制定和完善绿色港口的设计、建设、运营、评价等方面的标准规范，如《绿色港口等级评价标准》《港口设施设备能源利用效率监测方法》等，使港口建设和运营有标准可依，促进绿色低碳技术和理念的推广应用。

**优化港口能源结构**　大力开发和利用太阳能、风能、氢能、电能等清洁能源，在港口码头、仓库、办公区等区域安装太阳能光伏板、风力发电设备，建设充电桩、加氢站等基础设施，提高清洁能源在港口能源消耗中的占比。采用节能型的设备和技术，如节能照明系统、变频技术、无功补偿技术等，对港口的装卸设备、运输车辆、仓储设施等进行节能改造，降低能源消耗。同时，优化港口的生产组织和工艺流程，减少能源浪费。

**加强港口环境综合治理** 加强对港口扬尘、污水、废气、噪声等污染物的治理，采用喷淋、喷雾、清扫等抑尘措施，建设污水处理设施、油气回收装置、噪声屏障等环保设施，减少污染物排放。加强对港口周边海域、河流、湿地等生态系统的保护和修复，建设生态护岸、人工湿地、海洋牧场等生态工程，提高港口的生态环境质量。

**推进港口智能化建设** 利用5G、北斗、人工智能、大数据、区块链等新技术，建设智能生产运营平台，实现港口装卸工艺的升级改造，提高生产效率和作业安全性。建立综合能耗监测统计分析平台，对港口的能源消耗、设备运行状态、作业效率等进行实时监测和分析，通过大数据分析实现精准的能耗管理和设备维护，降低能源消耗和运营成本。

**强化绿色低碳技术研发与创新** 鼓励港口企业、科研机构、高校等加大对绿色低碳港口技术的研发投入，设立专项科研基金，支持关键技术的研发和创新，如新能源技术、储能技术、碳捕集与封存技术等。

**加强人才培养与国际合作** 通过高校教育、职业培训、学术交流等方式，培养一批既懂港口业务又熟悉绿色低碳技术的复合型人才，为绿色低碳港口建设提供人才支撑。积极参与国际绿色港口建设的合作与交流，学习借鉴国外先进的技术和经验，推动我国绿色低碳港口技术标准与国际接轨，提升我国在国际绿色港口领域的影响力和话语权。

# 第十章 航运文化与综合

　　航运文化是人类在航运活动中创造的物质财富与精神财富，贯穿于人类航运的历史长河之中。从古老的海上丝绸之路开启东西方交流的大幕，到如今现代化的航运网络连接全球，航运文化始终在不断发展、演变。在全球化背景下，航运文化的内涵愈发丰富多元。它涵盖了航海历史、航海人物、航运禁忌习俗，还涉及众多展示航运文化的博物馆以及各类航运文化节庆活动。这些元素共同构成了一幅绚丽多彩的航运文化画卷，展现出航运业独特的魅力与深厚的底蕴。

　　本章围绕航运文化与综合相关的诸多问题展开知识问与答，旨在通过对这些问题的探讨，使读者深入领略航运文化的博大精深，让读者对航运业背后的文化脉络有更全面、更深刻的认识。

上海中国航海博物馆
上海中国航海博物馆 供图

# 第十章 航运文化与综合

## 01 古代主要的航海地图有哪些?

东西方古代的航海地图在历史背景、技术方法和应用目的方面各有特色,但都展示了人类对海洋探索和记录的演变过程。

《舆地图》绘制于南宋咸淳年间,原图为石刻地图,后来石碑亡佚,仅存拓本,现藏于日本京都。该图由左、右两幅拼合,图纵207厘米,横196厘米。图上没有注明制图人和制图时间。根据图上行政区名建置的最晚时间是南宋度宗咸淳元年(1265年),推测此图为度宗(1265—1274)初年绘制。原图已佚,图的拓片是由日本僧人佛照禅师于祥兴二年(1279年)带至日本。此图正上方刻"舆地图"三字,左上方刻"诸路州府解额"(即科举人数),图中府、州、军的名称及数量大体与左上方刻记一致。图的范围以宋代政区为主,东及日本,西到葱岭(今帕米尔),南涉印度及印度尼西亚一些岛屿,北达蒙古高原。山脉用写景法表示,并绘有森林。河流用单曲线表示。湖泊用水波纹表示。地名均括以方框。在许多州、县间绘有道路。西南地区绘有少数民族分布情况。北和东北两处有数百字的注记,主要说明其历史与地理情况。

《广舆疆里图》成图于明朝弘治年间,收录于明朝文史学家叶盛所著的《水东日记》卷十七,是一幅完整的元代中国陆地与海疆地图,也是一幅航海地图。图中不仅绘制了两条通向山东半岛成山角和天津的近海航线,而且详细地标注了从元代中国泉州港出发,经过印度尼西亚、印度半岛,跨越孟加拉湾、阿拉伯海、印度洋,最终达到霍尔木兹海峡的航行路线。

《郑和航海图》原名《自宝船厂开船从龙江关出水直抵外国诸番图》，载于明茅元仪《武备志》卷二百四十，包括航海图二十叶（相当现代书籍四十页）和"过洋牵星图"两叶。全图绘示郑和出使西洋各国的航程和经历的地名方位。以南京为起点，遍及今南海及印度洋沿岸诸地，远达非洲东岸。所收地名较为详备，并附有航线和针路。《郑和航海图》为研究16世纪以前中西交通史的重要资料。1961年中华书局出版由向达整理注释的单行本，1988年人民交通出版社出版由朱鉴秋、李万权主编的《新编郑和航海图集》。

《海运全图》全名为《道光六年海运全图》，清同治十三年（1874年）由胡振馨根据其父胡德璐所绘《海运全图》摹绘而成，现藏北京图书馆。该图为上东下西，左北右南，采用计里画方法绘制，画出我国海岸线的局部走势，南自钱塘江口，北至辽东，并标绘沿岸的沙洲、岛屿及海运航线情况。图中对各段海运航线走势、里程和影响航运的关键地点均附有详细图说。《海运全图》尤其关注漕运路线的沿革变迁，图中除标注漕粮北上京师的海运航线之外，还画出了从乍浦（今浙江嘉兴）向东入海的水路，以及漕粮北行至锦州等地的航线。

《比萨航海图》（Carta Pisana）绘制于约1290年，由意大利比萨的航海家或制图师绘制。航海图由羊皮纸手绘而成，尺寸约50厘米×100厘米，现存法国国家图书馆。《比萨航海图》主要用于地中海贸易或航海指南，绘制出地中海、黑海及部分大西洋沿岸，包括热那亚、威尼斯、君士坦丁堡、亚历山大港等港口城市。该图对海岸线的描绘非常精确，尤其是对意大利半岛、希腊和北非地区，包括西西里、撒丁岛、科西嘉、克里特等岛屿标注清晰，并标出了通过港口间的航程天数。

# 第十章 航运文化与综合

《伊德里西世界地图》（Nuzhat al-Mushtāq）由阿拉伯地理学家、制图师穆罕默德·伊德里西（Muhammad al-Idrisi，1100—1165）受西西里国王罗杰二世（Roger II of Sicily）委托，耗时15年（1138—1154）完成。现今牛津大学博德利图书馆藏有13世纪阿拉伯语手抄本，法国国家图书馆收藏拉丁语译本。该图融合希腊、罗马、波斯、阿拉伯及北欧维京人的地理知识，是12世纪比较精确的世界地图。地图绘制区域包括：欧洲，从爱尔兰到俄罗斯，标注巴黎、罗马、君士坦丁堡等城市；非洲，详细绘制尼罗河、撒哈拉沙漠，甚至标注了尼日尔河流域；亚洲，印度、中国、东南亚香料群岛。该图首次将赤道以南的非洲纳入地图，修正了托勒密对印度洋"封闭海域"的错误认知，显示其与太平洋连通，成为大航海时代前欧洲人了解东方的重要参考。

《弗拉·毛罗地图》（Fra Mauro Mappa Mundi）绘制于1459年，由意大利威尼斯地图学家弗拉·毛罗(Fra Mauro)完成，现藏于威尼斯国家圣马可图书馆。地图绘制于羊皮纸上，采用世界地图的圆形版式，直径约为196厘米。图上描绘了非洲、欧洲、亚洲的地理形态，对地中海、黑海和波罗的海进行详细描绘。地图还画出中国元朝的元大都、爪哇岛和日本。

## 02 更路簿如何记录南海航线？

中国古代航海者在发明航海罗盘之后，使用其指示航向。将其指示的航向方位用字符表示，称为针位；将通往目的地航行中针位情况、航程和山形水势等因素记录下来就形成针路；记载航海针路的工具书被称为海道针经。更路簿是海道针经的一种类型，是海南渔民在南海海域作业的航海指南。更路簿形成于明代初年，记录丰富的南海航线信息。更路簿的记录方式包括：

**以"更"为单位记录航程**　"更"是更路簿中记录航程的基本单位，其起源与古代渔民的航海实践密切相关。古代渔民在海上航行时，通常以燃香一支的时间为一更，一更的航行距离大约为 10 海里。这种以时间为单位的航程记录方式，简单易行，适合当时渔民的航海条件。例如，"自大潭过东海，用乾巽使到十二更"，意味着从琼海潭门港出发，按照乾（西北）向巽（东南）的方向航行 120 海里（12 更）。

**以罗盘针位记录航向**　更路簿中的"路"指的是航海罗盘指向的针路，即航向。渔民们利用罗盘确定航行方向，并将其记录在更路簿中。罗盘上有"子、午、卯、酉"等二十四个字，分别表示不同的方向。通过罗盘针位的记录，渔民能够在茫茫大海中准确地确定航行方向。例如，"用乾巽使到十二更"，其中"乾巽"就是罗盘上的针位，表示从西北方向向东南方向航行。

更路簿详细记录了南海诸岛的岛礁名称及准确位置。这些名称大多是海南渔民根据岛礁的特征或形状，用当地方言命名的，具有浓厚的乡土气息。例如，把环礁称为"筐"，把南威岛称为"岛仔峙"，把司令礁称为"目镜铲"等。这些记录不仅反映了渔民对南海岛礁的熟悉程度，也证明了中国渔民对南海诸岛的开发和利用有着悠久的历史。

# 03 中外分别出土的最早独木舟是什么？

独木舟是将整段树木挖空后制作而成的，用桨划行的小船，

第十章 航运文化与综合

《易经·系辞》就中有"刳木为舟"的记载。独木舟是人类最早的水上交通工具之一,中外考古均发现了人类社会早期的独木舟遗存。

**庇斯独木舟**是世界上迄今已知最古老的独木舟,距今约 8200 年至 9000 年,因发现于荷兰格罗宁根的庇斯而得名。荷兰庇斯独木舟可能是使用石器(如燧石斧)或火烤法挖空一整段欧洲赤松树干而成,长约 3 米,宽约 0.44 米,深度约 0.2 米。船体较粗糙,没有明显的船头、船尾设计,显示出早期独木舟的原始性。由于船体较小,可能仅能承载 1~2 人。

**跨湖桥独木舟**是迄今我国出土的最早的独木舟,距今 7000 年至 8000 年,因发现于浙江省杭州市萧山区的新石器时代的跨湖桥遗址而得名。这艘独木舟由整根松木制成,残长 5.6 米,宽约 0.52 米,舟体有明显的被火烧和石锛修整加工的痕迹,证明了我国先民在新石器时代已具备一定的造船技术和水上航行能力。

## 04 中外古代著名的航海家有哪些?

航海家是指在航海领域具有卓越成就和丰富经验的人士,他们通过航行探索未知海域、开辟新航线或完成重要的航海任务。回溯人类征服海洋波澜壮阔的历史,产生了许多优秀的航海家。他们的航海壮举不仅展现了个人的勇气和智慧,也为全人类航海事业和全球化发展作出了不可磨灭的贡献。中外古代著名的航海家有:

**徐福**(生卒年不详),亦作"徐市",秦方士。字君房,琅琊(治今山东胶南琅邪台西北)人,一说今江苏赣榆人。秦始皇二十八年（公元前 219 年），上书说海上有蓬莱、方丈、瀛洲三座神山。请得童男童女数千人，乘楼船入海，一去不返。事见《史记·秦始皇本纪》等。公元 7—8 世纪后，日本文献中颇多有关徐福的记载，并尊之为司农耕、医药之神。

**法显**（约 337—约 422），东晋僧人、旅行家、翻译家。本姓龚，平阳郡（今山西临汾西南）人。中国僧人到天竺留学的先驱者。因感中国经律残缺，于隆安三年（公元 399 年）偕慧景、道整等从长安（今陕西西安西北）西行求法，渡流沙，越葱岭，遍历北、西、中、东天竺等地，后赴师子国（今斯里兰卡），并到过爪哇岛（今印度尼西亚），义熙八年（412 年）经海路返青州长广郡牢山（今山东青岛崂山）。前后凡十四年，游历三十余国，带回很多梵本佛经。归国后于建康（今江苏南京）道场寺与佛驮跋陀罗合译经律论六部二十四卷，主要有《大般泥洹经》《摩诃僧祇律》《方等般泥洹经》等。又记旅行见闻，撰成《佛国记》（又名《法显传》），为研究南亚次大陆各国古代史地的重要资料。

**鉴真**（688—763），唐僧人，日本佛教律宗创始人。本姓淳于，扬州江阳（今江苏扬州）人。14 岁出家，22 岁受具足戒。寻游洛阳、长安等地，遍研三藏，尤精律藏。后住扬州大明寺，专弘律戒。天宝元年（742 年），应日僧荣睿、普照等邀请东渡，几经挫折，且双目失明。至天宝十二载，与比丘法进、昙静、尼智首、优婆塞潘仙童等第六次航行成功，于日本天平胜宝六年（754 年）抵日本九州萨摩秋妻屋浦（今日本九州南部）。翌年在奈良东大寺建筑戒坛，传授戒法，为日本佛教徒登坛受戒之始。759 年建唐招提寺，传布律宗。并将中国的建筑、雕塑、医药学等介绍到日本，为中日两国文化交流作出了卓越贡献。传有《鉴真上人秘方》。

## 第十章　航运文化与综合

**汪大渊**（生卒年不详），元代著名的航海家、旅行家和地理学家，字焕章，江西南昌人。自幼好游，前后两次下东西洋，足迹遍及亚非几十个国家和地区，记录其风土人情、物产、贸易和文化诸情况。回到泉州，为《清源续志》撰写海外亲历游踪，成书《岛夷志略》。

**郑和**（1371或1375—1433或1435），明朝著名的航海家和外交家。本姓马，回族，云南昆阳州（今晋宁）人。明初入宫做宦官，从燕王起兵，赐姓郑，任内官监太监。永乐三年（1405年），成祖遣监太监郑和与副使王景弘率水手、官、兵27800余人，乘"宝船"62艘，远航西洋（当时称文莱以西的海洋为西洋）。船队从苏州刘家港（今江苏太仓东浏河镇）启航，到占城（今越南南部）、爪哇、苏门答腊、锡兰（今斯里兰卡）等地，经印度西岸折回，至1407年返国。以后又于1407—1409年、1409—1411年、1413—1415年、1417—1419年、1421—1422年（以上均在成祖永乐时）、1431—1433年（宣宗宣德时）远航，总计28年间，7次出洋，经30余国和地区，最远曾达非洲东岸、红海和伊斯兰教圣地麦加。所乘的船，据载最大者长44丈4尺，阔18丈，可容1000人。这些航行比西方哥伦布、达·伽马等的航行早半个世纪以上，船队规模与船只之大，都超过他们几倍。郑和每到一地，都以瓷器、丝绸、铜铁器和金银等物，换取当地特产，与亚非各国加强联系。南洋各地至今仍保留不少有关郑和的遗迹。随行人员马欢著《瀛涯胜览》、费信著《星槎胜览》、巩珍著《西洋番国志》，记述了航行中的见闻。

**迪亚士**（Bartolomeu Dias，约1450—1500），葡萄牙航海家。受国王若奥二世的派遣，于1487—1488年率探险队绕过非洲南端，抵达今南非的伊丽莎白港，返航途中发现好望角。1500年随

作者：梁雪芳

作品：《郑和下西洋》（刺绣）

尺寸：120 厘米 ×90 厘米

时间：2016 年

收藏单位：上海中国航海博物馆

## 第十章　航运文化与综合

葡萄牙航海家卡布拉尔（Pedro Álvares Cabral, 约 1467—1520）去印度，航行至好望角附近遇风暴罹难。

**哥伦布**（Christopher Columbus, 约 1451—1506），意大利航海家。1476 年移居葡萄牙。相信地圆说。曾向葡王建议探索通往东方的航路，未被采纳。1485 年移居西班牙。终得西王斐迪南二世资助。1492 年 8 月率圣玛丽亚号等三艘船和水手约百人，从巴罗斯港启航，横渡大西洋，10 月抵达巴哈马群岛，继而航行至古巴、海地等岛。次年返回西班牙。后又三次西航（1493 年、1498 年、1502 年），到达牙买加、波多黎各诸岛及中、南美洲的加勒比海沿岸地带。因误认为所到达的地方即是印度，故称当地居民为"印第安人"（Indians, 意为"印度居民"）。晚年贫病交迫，抑郁而终。

**德雷克** (Francis Drake, 约 1543—1596)，英国航海家。得女王伊丽莎白一世资助，1577—1580 年间率英国船队，经大西洋，穿越麦哲伦海峡入太平洋，继续航行印度洋，绕过好望角返回英国，继麦哲伦船队之后，完成第二次环球航行。曾从事海盗活动。1588 年参与指挥英国舰队，击溃西班牙"无敌舰队"。

**达·伽马**（Vasco da Gama, 约 1469—1524），葡萄牙航海家。1497 年奉葡王之命，率船队由里斯本启航，探索通往印度的航路。绕过非洲南端的好望角，1498 年抵马林迪（Malindi）。随后由阿拉伯航海者马吉德（ibn Madjid）领航，同年到达印度西海岸的卡利卡特。1502—1503 年第二次赴印度。1524 年以葡属印度总督的身份第三次到印度，同年死于科钦（Cochin）。

**麦哲伦**（Fernão de Magalhães, 约 1480—1521），葡萄牙航海家。1517 年移居西班牙。1519 年领西政府之命，率船队由圣罗卡（Sanlúcar）启航越过大西洋，沿巴西海岸南下，经南美洲大

· 209 ·

陆和火地岛之间的海峡（今称"麦哲伦海峡"），入太平洋，然后继续西行，于1521年3月至菲律宾。因干涉岛民内争，被当地居民所杀。船队中的"维多利亚"号于1522年9月返回西班牙，完成首次环绕地球的航行，从而证实地圆说。

**詹姆斯·库克**（James Cook，1728—1779），亦译"科克"，英国航海家和探险家。曾三次领导探测航行：第一次（1768—1771）从大西洋经南美合恩角入太平洋，对新西兰沿岸及澳大利亚东岸进行了详测，证实新西兰并非假想的南大陆一部分；第二次（1772—1775）完成南半球的大洋环球航行，首次穿越南极圈；第三次（1776—1779）从西向东经印度洋入太平洋，探索是否存在大西洋与太平洋间的西北通道或东北通道，但未成功。至白令海峡附近遇冰折回，发现了夏威夷岛，在与岛民的冲突中被杀。在探索新地、航海、测绘海图等方面卓有成就，基本上廓清了从古希腊托勒密留传下来的关于南大陆分布的假想观念。

## 05 什么是海上丝绸之路？

海上丝绸之路（以下简称"海上丝路"）是指古代中国与世界其他地区进行贸易和文化往来的海上航路。海上丝绸之路始于秦汉，公元前2世纪，南海—印度洋航线的开辟标志着"海上丝路"的出现，以此为通道的贸易活动至明代郑和下西洋达到顶峰。"海上丝路"通常分为东西两线，东向航线又称为"东海丝路"，是指自中国东北部沿海，经渤海或黄海、或东海到达朝鲜，再渡朝鲜海峡，最终抵达日本的贸易航线；西向航线又称为"南海丝路"，是指从中国东南沿海出发，经南海、印度洋至西亚、非洲的贸易航线。海上丝路流通的商品种类相比陆上丝绸之路更加多元化，除丝绸外，瓷器、香料、茶叶均是大宗货物，因而海上丝路有时又被称为"瓷器之路""香料之路""茶叶之路"。

2013年习近平主席访问东盟期间提出了共建"21世纪海上丝绸之路"的构想，将古代海上贸易网络转化为现代国际合作平台，赋予其"和平之路、繁荣之路、开放之路"的新内涵，是对古代海上丝绸之路的传承和延续。

"21世纪海上丝绸之路"以中国沿海港口为起点，连接起东南亚、南亚、西亚、北非和欧洲的海上贸易，形成合作网络。"21世纪海上丝绸之路"建设以政策沟通、设施联通、贸易畅通、资金融通、民心相通为主要内容，通过全方位、多领域的海上合作，与有关国家共同打造开放、包容的合作平台，推动建立互利共赢的蓝色伙伴关系，铸造可持续发展的"蓝色引擎"。它与"丝绸之路经济带"一起构成"一带一路"倡议，为构建人类命运共同体提供了实践平台。

## 06 中外有关航运的禁忌习俗有哪些？

由于过去生产工具落后，认识水平低下，抗风险能力差，面对险恶复杂的海洋性生产生活环境，人们在航运活动中对神圣的或可能带来灾难的人、事、神灵，采取一种避讳态度或禁止性的行为准则，逐渐形成了航运禁忌习俗。中外有关航运的禁忌习俗涉及衣食住行等方方面面，不同地区有一些差别，但大同小异。虽然航运禁忌习俗有不科学之处，但其中一部分作为一种传统文

作者：杨清泉
作品：《海上丝绸之路》（玻璃马赛克壁画）
尺寸：3.7米×16米
时间：2020年

化遗留下来。

**衣着禁忌** 讲究船员衣着要干净，即使旧衣补丁也要方方正正。传统上认为这可以给船神和龙王一个好印象。穿湿衣服者禁止上船，落水者上船或上岸后，也要马上更换衣服。

**用餐禁忌** 船上用餐也有一些传统行为禁忌，如：每人有固定的座位，不得随便乱坐；用餐时不论老少均是蹲着吃，筷子不能搁在碗口，锅盖不许翻过来放；吃鱼忌先吃鱼头，忌讳挖鱼眼，更忌一筷子将鱼的尾巴叉断；就餐时不论舵公或伙计，凡蹲在饭锅边都得替众人盛饭，意为"同舟共济"。

**行为禁忌** 主要有上船不喝酒、不得打海鸟，上下船时脚不能踢中船头；父子不同船，忌妇女横跨渔船和渔网，忌七男一女（或八人）同船；在船上忌坐船帮、忌把脚伸入海水中、忌在船上吹口哨、忌两脚悬空、忌翻卷裤腿、忌光身睡觉和随地大小便，摘下的帽子帽口忌朝下放；捕鱼时不能穿凉鞋和露脚的鞋，误捕海龟和怪鱼要放回大海等。西方人忌在船上带香蕉，认为香蕉是"厄运象征"。中外出航日期的选择都有一些禁忌，如：中国一些地区带4的日期一般不出船，因4与死谐音。西方一般避免星期五和13号启航。中外都忌更改船名，即使购来的旧船，也最好沿用旧名。

**语言禁忌** 船上用语有许多禁忌的字眼，如忌说"住""翻""停""完""破""漏"等。在非说不可的情况下，人们往往用其他词来代替，如"翻过来"改为"划过来"或"顺过来"，盛饭叫"添饭"，因忌"离"字称梨为圆果，"船帆"改为"船篷"等。称谓上也有忌讳，如船主不能称作老板，改称"板主"。

第十章　航运文化与综合

## 07 妈祖信仰与航海活动之间的关系是什么？

妈祖信仰为航海者提供心理慰藉和精神寄托，是历代船工、海员、商人和渔民共同信奉的航海保护神。因民间传说她能预知天气、救助海难，成为商帮、渔民、船员的精神寄托，船只航行前祭拜妈祖成为祈求平安的重要仪式。同时，古代航海技术有限，面对风浪时，妈祖信仰也赋予航海者心理慰藉与战胜困难的信心。

由妈祖信仰发展而来的妈祖文化是维系全球华人文化认同的重要纽带。随着航海活动的拓展，中国移民在海外各地建立妈祖庙，兼具祭祀与联谊同乡的功能，以中华传统文化为基础的妈祖文化体系成为跨地域的精神纽带，在全球形成华人共同的文化认同和凝聚力。据不完全统计，截至目前，全球 50 个国家和地区妈祖宫庙数量超过 1 万座，妈祖敬仰者已达 3 亿人。其中，我国台湾地区的妈祖庙超过 5000 座，敬仰者多达 1600 万人，妈祖文化成为促进两岸交流，增进两岸同胞文化认同的媒介。2009 年，妈祖信俗入选联合国教科文组织人类非物质文化遗产，其内涵扩展至和平、合作等理念，成为"一带一路"倡议中的文化交流使者。

历史上航海活动推动了妈祖信仰的形成和广泛传播。妈祖信仰是在海上丝绸之路繁荣时期东南沿海地区大量依靠海上渔业、海上交通生活的普通民众需求下应运而生的。妈祖信仰形成后，随着海上丝绸之路在沿海地区的渔民、船工、海商等群体中广为传播，并从沿海地区辐射开去，遍及港澳台、东南亚、东亚乃至全世界，可谓"海水到处有华人，华人到处有妈祖"。

## 08 我国入选联合国人类非物质文化遗产的航运文化项目有哪些？

我国入选联合国非物质文化遗产的航运文化项目有妈祖信俗（2009 年）、水密隔舱福船制造技艺（2010 年）、送王船——有关人与海洋可持续联系的仪式及相关实践（2020 年）。

### 妈祖信俗

妈祖是中国影响最大的航海保护神，原名林默娘（960—987），福建莆田湄洲岛人，因救助海难而献身，被当地百姓立庙祭祀，成为海神。此后历代朝廷赐封妈祖为天妃、天后、天上圣母。

妈祖信俗是指妈祖信仰习俗，是以崇奉和颂扬妈祖的立德、行善、大爱精神为核心，以妈祖宫庙为主要活动场所，以庙会、习俗和传说等为表现形式的中国传统民俗文化。妈祖信俗由祭祀仪式、民间习俗和故事传说三大系列组成。该信俗传播到世界各地，为民众所崇拜并传承至今，湄洲岛成为妈祖祖庙所在地。2009 年 9 月 30 日，"妈祖信俗"被联合国教科文组织列入《人类非物质文化遗产代表作名录》，成为我国首个信俗类世界非物质文化遗产，标志着妈祖文化正式成为全人类共同的文化遗产。

### 水密隔舱福船制造技艺

水密隔舱福船制造技艺是福建海船制造的一项传统手工技艺，自晋代传承至今。水密隔舱是福船建造过程最重要的部分，造船时根据船的功用和大小分设隔舱,采用隔舱板把船舱分成互不透水的不同舱区,航行时一个或两个船舱意外受损,海水进不到其他舱中,极大提高了航海的安全性。千百年来,该技艺广泛应用于渔船、货船、战船及外交使船,特别是宋元时期的福建远洋货船和明代郑和七下西洋的船只均采用该项技艺,在中外文化交流中起到了桥梁和纽带作用。该项目于2010年入选联合国《急需保护的非物质文化遗产名录》。

### 送王船——有关人与海洋可持续联系的仪式及相关实践

送王船起源于福建南部地区,随着"下南洋"移民传到东南亚马六甲海峡等华侨华人聚居区,成为广泛流传于中国闽南和马来西亚马六甲沿海地区的禳灾祈安仪式。送王船植根于滨海社区共同崇祀"代天巡狩王爷"的民间信俗,人们定期举行迎王、送王仪式,迎请王爷巡狩四境,带走海上罹难的亡魂。

我国福建南部地区一般每隔三年或四年在秋季举行送王船仪式;马六甲地区则多在农历闰年的旱季择吉日举行。仪式活动历时数日,或长达数月。该项目体现了人与海洋之间的可持续联系,见证了"海上丝绸之路"沿线的文化交流,体现了顺应可持续发展的文化创造力。2020年底,中国、马来西亚联合提名的"送王船——有关人与海洋可持续联系的仪式及相关实践"被列入联合国《人类非物质文化遗产代表作名录》。

## 09 为什么将船称为"她""She""Her"?

在航海界,船舶被称为"她"的用法既沿袭了西方航海传统中对船只的性别化指代，也与汉语近代引入女性第三人称代词"她"后的翻译习惯相融合。

用"She"指代船舶源自古老的航海传统和文化，尤其在古希腊、西班牙、荷兰以及现代英格兰等地尤为普遍。将船舶拟人化为女性，赋予她们保护和照顾的特质，成为了一种心理上的安慰和尊重。例如，船只常以女性的名字命名，如哥伦布的船圣玛利亚号。

在男性主导的航海界，水手们习惯性地把自己的船称为"She"。这种用法反映了船员对船舶的深厚感情，就像对待母亲或妻子一样。此外，代表"船"的拉丁词 Navis 是阴性的，这可能是"She"用法的一个语言学原因。

在许多法律和文学作品中，船舶常被称作"She"。例如，《国际海上避碰规则》以及国际海事组织所颁布的《标准航海用语》中同样对船舶采用了"She"或"Her"的称谓。

## 10 新船下水仪式中的"教母"传统是如何形成的？

新船下船仪式中的教母是指被船东邀请来为新船命名、祈福并主持掷瓶礼的女性。

教母的传统起源于古代人们对海洋的畏惧和对神灵的崇拜。教母是指天主教、正教以及某些新教宗派行洗礼时受洗者对其女性保证人和监护人的称谓。中世纪，随着基督教在欧美地区的广泛传播，新生儿出生时要受洗并命名，父母会邀请有名望的人士参与，女性成为教母。这一传统逐渐被引入到船舶命名仪式中，新船就好像一名"新生儿"，新船下水也需要受洗和命名。1875年，英国首次邀请亚历山德拉皇后作为教母，主持战舰亚历山德

第十章　航运文化与综合

拉号的下水典礼。到了现代，船舶教母的角色已经超越了单纯的仪式，成为一种文化和传统的象征。教母一般由身份显赫的女性担任，以象征对新船的特别祝福。

在现代，船舶教母通常为船主夫人、当地政府重要领导人夫人、国家领导人夫人，以及社会知识女性等，她们要为新船命名，宣读祈祷词，进行掷瓶礼，即将一瓶香槟酒在船首击碎。香槟酒瓶一次性成功击碎，预示着新船今后的航程会一帆风顺。教母的角色体现了航海文化的传统和对海洋的敬畏，她们为新船祈福，象征着保护船舶在未来的航行中平安顺遂。

## 11 船舶挂满旗是什么含义？

挂满旗是指船舶由船首到桅杆再到船尾，用旗绳挂满信号旗的挂旗形式；一般是在庆祝重大节日、迎接重要宾客、船舶首航或者其他重要国事活动时悬挂。满旗一般从早上 8 点升起，日落时降下；挂满旗时，信号旗要按照"两方一尖"的顺序悬挂。国际信号旗共有 40 面：表示字母的 26 面字母旗，表示数字 0 至 9 的 10 面数字旗，代替字母旗或数字旗的 3 面代旗，1 面回答旗。字母旗中 A、B 两面旗为燕尾旗，其余 24 面均是长方旗，数字旗及回答旗均呈长梯形，故又称尖旗，代旗为三角形旗。

## 12 船舶为什么要悬挂信号旗？

信号旗即"国际信号通信旗"，俗称"万国旗"，是国际通用的、船与船或船与岸之间互相通信联络用的信号旗。信号旗自18世纪末就被作为重要的通信工具，被各国广泛使用。船舶悬挂信号旗主要用于传递信息、确保航行安全、遵守国际规则以及发挥礼仪作用。

国际上，第一部关于信号规则的国际法典是1855年由英国贸易委员会成立的一个委员会起草的。其使用了18面旗帜。现行的信号规则是1965年国际海事组织第四届大会通过的《国际信号规则》(International Code of Signals)。《国际信号规则》规定，船舶在特定情况下必须悬挂信号旗，以表明自身状态、意图或警告他船。例如，当引航员在船引航时应悬挂"H"旗。

《1972年国际海上避碰规则公约》要求船舶在特定操作（如拖带、限速、操纵受限）时悬挂相应的信号旗，以避免碰撞。即便是今天装备着甚高频无线电话、全球海上遇险和安全系统、卫星电话等先进通信设备的船舶上，信号旗作为一种最简便可靠的通信手段仍在继续使用。

## 13 船舶上的旗语有哪些含义？

信号旗系统由红、黄、蓝、白、黑五种颜色的旗纱制成，共有40面，包括26面字母旗（从字母A~Z)，10面数字旗（数字0~9），3面代旗（代替字母旗或数字旗）以及回答旗1面。每面字母旗是一个单字母信号旗（从字母A~Z)，既可单独使用，也可与其他字母旗或数字旗联合使用，组成各种信号码。每面数字旗表示一个数字（数字0~9)。代旗代替字母旗或数字旗。当船上只有一套信号旗时，代替旗可以使用一面旗在同一组号中重复一

第十章 航运文化与综合

次或多次出现，但在同一组旗号中任何一面代替旗的使用只能一次。回答旗表示"回答"及"通信结束"的程序符号，也表示数字中的小数点。

单字母的信号旗用于最紧急的、最重要的或者最常用的部分，例如："H"代表"我船上有引航员"；"L"代表"你应立即停船"；"O"代表"有人落水"。双字母信号旗用于通用部分，例如："CP"代表"我正前来援助你"；"IT"代表"我船失火"；"CB6"代表"本船失火，需要立即援助"。以"M"开始的信号旗用于医疗信息通信，例如："MAD"代表"我需要医疗援助"；"MAF"代表"我需要药品"；"MAH"代表"我需要直升机救援"。

船舶悬挂信号旗这一通信方式，可跨越语言隔阂，且清楚传达用意，因此成为国际统一的信号语言，也被称为"旗语"。

# 14 为什么说船舶是"流动的国土"？

船舶被称为"流动的国土"主要基于以下两点。一是法律地位与豁免权，特别是军舰，根据国际法及《联合国海洋法公约》的规定，在公海上享有完全豁免权，只能由其本国管辖。这种法律地位使得军舰成为象征国家主权的一块"流动国土"。虽然普通商船并不具备与军舰相同的豁免权，但在某些语境或宣传中，为了强调远洋船与国家主权的紧密联系，也可能将其称为"流动的国土"。二是国家管辖与象征，远洋船舶尤其是悬挂一国国旗的商船，在国际航行中代表着该国的形象和利益。虽然其实际管辖和领土范围与船旗国并非完全一致，但在某种程度上，远洋船舶确实成为国家主权和领土的一种延伸和象征。

当今世界,军事船舶进入他国领海,必须获得批准,它的活动受到严格限制。而远洋船舶在商业运输活动中,常受到沿海国的登临检查,也会因政治、外交、军事等原因遭受捕获或扣押,甚至强制拍卖出售等。因此,不能简单地将远洋船舶视为"流动的国土"。

## 15 中外主要的航运文化节日有哪些?

为了传承历史文化、弘扬航海精神、激励航运事业的发展,世界各国设立了许多的航运文化节日,主要包括中国航海日、世界海事日、世界海员日、世界航标日、世界海洋日等。

**中国航海日**设立于2005年7月11日,是中国伟大航海家郑和七下西洋的600周年纪念日。为弘扬郑和精神,广泛开展"热爱祖国、睦邻友好、科学航海"教育,增强全民族的航海意识、海洋意识,树立蓝色国土观念,国务院2005年4月25日决定将每年的7月11日确定为"航海日",同时作为"世界海事日"在我国的实施日期。"航海日"是我国涉海领域唯一的国家法定节日。节日期间举办航海日论坛、航海展览,开展航海科普活动和群众性航海文化活动,发布航海日公告。活动当日所有中国籍民用船舶以及中国航运企业拥有或经营的非中国籍船舶都要挂满旗,相关涉海机构也要悬挂旗帜。

**世界海事日**是由国际海事组织于1977年设立,最初设立在每年的3月17日,但考虑到气候因素,于1979年将其修改为9月最后一周的某一天。世界海事日每年都会确定相关主题,并围

第十章 航运文化与综合

绕主题开展相关宣传活动，以加强各国对海上安全、环境保护等多方面的法律意识，同时增进公众对海事领域的认识和理解。世界海事日是在每年9月最后一周中的某一天，具体时间可由各国政府自行确定。

**世界海员日**是由国际海事组织于2010年确定的节日，设立在每年的6月25日，以提高社会各界对于海员工作的认知和关注。世界海员日每年都会设定一个主题，以突出海员在不同领域的贡献和面临的挑战。

**世界航标日**由国际航标协会于2018年5月决定设立，设立在每年的7月1日，通过举办灯塔开放日等各种活动，以宣传航标文化，向公众普及航标知识，以让更多公众了解航标在船舶航行过程中保护船舶安全的重要作用。

**世界海洋日**是每年的6月8日，旨在提高公众对海洋重要性的认识，呼吁全球共同保护海洋环境、促进海洋资源的可持续利用。1992年，在巴西里约热内卢举行的联合国环境与发展会议上，加拿大首次提出设立"世界海洋日"的建议。2008年12月5日，第63届联合国大会通过第111号决议，正式将每年的6月8日确定为"世界海洋日"，自2009年起开始庆祝。中国自2010年起，将每年6月8日作为"世界海洋日暨全国海洋宣传日"，举办相关宣传活动。

## 16 中外航运类博物馆有哪些？

航运类博物馆是展示航海历史、船舶技术、港口文化以及航运发展的重要场所，它不仅承载着传承航海文化、弘扬海洋精神的使命，而且为公众提供了了解航运知识、感受海洋魅力的平台。全球范围内拥有众多各具特色的航运类博物馆。

**中国航海博物馆**位于上海浦东新区，以"航海"为主线、"博物"为基础，分设航海历史、船舶、航海与港口、海事与海上安全、海员、军事航海六大展馆，以及海洋、航海体育与休闲两个专题展区。中国航海博物馆拥有"杨武"号巡洋舰模型（按照1∶30比例制作的"扬武"号巡洋舰模型，展示了19世纪末期清朝福建水师旗舰的雄姿）、福船（以郑和下西洋宝船为原型建造的大型福船，采用传统榫卯连接和水密隔舱等造船工艺技术）、中国古代巨型木锚（重500千克，长7.45米，是中国迄今为止发现的最大、最完整的古代木锚）等特色馆藏。

**广东海上丝绸之路博物馆**位于广东省阳江市，是以"南海Ⅰ号"宋代古沉船发掘、保护、展示与研究为主题的博物馆，也是展现水下考古现场发掘动态演示过程的世界首个水下考古专题博物馆。广东海上丝绸之路博物馆包括"南海Ⅰ号"和"海上丝绸之路"两大展区，核心展品是"南海Ⅰ号"宋代古沉船及其出水文物。沉船于1987年被发现，2007年采用世界首创的沉箱整体打捞技术成功打捞上岸，安置于博物馆的"水晶宫"内。目前，"南海Ⅰ号"已出水文物超过18万件（套），包括陶瓷、金银器、铜器、铁器、竹木漆器等，涵盖了当时社会生活的方方面面。广东海上丝绸之路博物馆成为研究中国古代海上丝绸之路的重要基地，也是公众了解和体验古代海洋文化的重要场所。

**中国港口博物馆**位于浙江省宁波市，以港口文化为主题，集展示、教育、收藏、科研、旅游、国际交流等功能于一体，体现国际性、专业性、互动性的我国规模最大、等级最高的大型港口专题博物馆，成为挖掘港口历史、传承港口文化、传播海洋文明

# 第十章 航运文化与综合

的重要基地,成为 21 世纪海上丝绸之路的重要文化支点。设置了"港通天下——中国港口历史陈列""创新之路——现代港口知识陈列""水下考古在中国专题陈列""海濡之地——北仑史迹陈列""港口科学探索馆""数字海洋体验馆"等 6 大常设陈列展区,回溯港口千年变迁,展现水下考古成果,诠释港城发展规律。其中,中国港口历史馆设有"港通天下"基本陈列,按照远古、古代、近代和现当代 4 个历史阶段,展现中国港口的发展变化。

**中国南海博物馆**位于海南省琼海市,距博鳌亚洲论坛会址 9 公里,是一座以南海海洋文化为主题的国家一级博物馆。设有 9 个常设展厅,包含"南海人文历史陈列""南海自然生态陈列""八百年守候——西沙华光礁 I 号沉船特展""探海寻踪——中国水下考古与南海水下文化遗产保护""深蓝宝藏——南海西北陆坡一二号沉船考古成果特展""做海——南海渔家文化展(海南)""走进两海交汇的文明——意大利普利亚考古文物展""源同流异—馆藏清代外销艺术品展""南海鲸灵——馆藏鲸类标本展",展示了南海海洋资源、海洋历史、海洋文化、海洋生态保护、水下文化遗产保护及海上丝绸之路。南海博物馆收藏了大量南海海洋文物,包括古代船舶残骸、海洋生物标本、海洋文化艺术品等。

**泉州海外交通史博物馆**位于福建省泉州市,创建于 1959 年,是国内唯一一个以海外交通史为专题的博物馆,是以反映古代海外交通、海上丝绸之路,以及经济、文化交流为主题的博物馆。海交馆是我国最早的海事类专题博物馆,以中世纪东方第一大港——刺桐(即 Zaitun,泉州别称)港的历史为轴心,通过丰富独特的海交文物,生动再现我国古代海上丝绸之路辉煌的历史场景。海交馆现有两个馆区：位于东湖旁的主馆区和位于开元寺院内的古船馆。泉州湾宋代沉船是海交馆的镇馆之宝。1974 年，泉州湾后渚港发掘出宋代沉船。1979 年，海交馆历史上的第一个固定展馆"泉州湾古船陈列馆"正式对外开放。海交馆现有"泉州湾古船陈列馆""刺桐：古泉州的故事""泉州宗教石刻馆""阿拉伯—波斯人在泉州""庄亨岱藏品馆"5 个专题陈列馆，收藏和展出不少举世闻名的文物瑰宝，除了国宝级文物——宋代沉船及其大量伴随出土物外，还有数十根木、铁、石古代锚具，数百方宋元伊斯兰教、古基督教、印度教石刻，各个时期的外销陶瓷器，中国历代各水域的代表性船模，以及数量繁多的海交民俗器物，堪称中国海洋文明的缩影。

**德国汉堡国际海事博物馆**（International Maritime Museum Hamburg）位于历史悠久的汉堡码头仓库 B，是全世界最大的航海博物馆之一，设立 9 个展馆，展出面积达 1.6 万多平方米，馆藏展品超过 4 万件。一件用 100 万块乐高积木搭建的"玛丽女王 2 号"模型更是令人叹为观止。馆藏主要来自汉堡出版业大亨彼得·塔姆的私人收藏，约有 1000 个大型、36000 个小型模型和 5000 张图画、图表。除了展出象牙、琥珀和银材质的船只模型外，还有骨制的船模型共约 1000 多只。博物馆介绍世界航海史以中国秦始皇的船队为开端，展出大量中国古代的船模型、水兵制服、象牙船雕、文书以及瓷器等珍品；西方海军发展历史展览包括船旗、勋章、奖状、手稿、证书、明信片、航海日志、航海仪器等。图书馆和档案馆里还有约 12 万册书籍和地图册，5 万张设计图及航海影片等。

**英国国家海事博物馆**（National Maritime Museum）位于伦敦格林尼治世界遗产区，是全球规模最大、馆藏最丰富的海事主

# 第十章 航运文化与综合

题博物馆之一。其历史可追溯至 1807 年，最初作为海员子女学校使用，后经 1934 年《国家海事法案》确立为国家级博物馆，1937 年正式向公众开放。博物馆与格林威治皇家天文台、皇后宫、卡蒂萨克号帆船共同构成格林威治博物馆群，见证了英国从海洋霸权到全球贸易的历程。英国国家海事博物馆由三座相连的馆址组成，包括海事陈列馆，是博物馆的核心部分，展示了大量与英国海上历史相关的藏品，包括海洋艺术作品、地图绘制、手稿、船舶模型和平面图、科学与航海仪器等；皇家天文台，也是本初子午线的所在地，游客可跨立东西半球，参观 28 英寸折射望远镜与时间球装置；皇后宫，建于 17 世纪，是英国文艺复兴时期建筑的杰出代表。英国国家海事博物馆拥有超过 200 万件藏品，是世界上重要的英国海上历史收藏地之一，藏品包括船舶模型与平面图、航海仪器设备、海洋艺术珍品和历史文献手稿等。

**荷兰国家海事博物馆**（Het Scheepvaartmuseum）位于荷兰阿姆斯特丹，是世界上最大的海事博物馆之一，拥有丰富的藏品和多样的展览，展示了荷兰的航海历史和海洋文化。该博物馆坐落在可以追溯至 1656 年的荷兰皇家海军兵工厂的历史性建筑内，由丹尼尔·斯塔帕特（Daniel Stalpaert）设计，曾作为阿姆斯特丹海军部的仓库，1973 年 4 月 13 日由贝娅特丽克丝公主正式开放，使其成为国家海事博物馆。

# 后记

上海海事大学作为一所以航运、物流、海洋为特色的高校，编撰一本航运基础知识的科普读本，帮助广大读者朋友系统全面了解航运相关知识，既具有紧迫性、必要性，也具有可行性。

本书编写是在上海海事大学党委领导下完成的，学校党委书记宋宝儒审定目录，并多次指导编撰思路，推动编撰进程，修改审定书稿。党委宣传部在全校范围内利用课堂现场征集，官方微信公众号向社会各界征集等方式，广泛征集师生和社会各界关注的航运基础知识问题，在此基础上进行归纳总结、梳理分类，形成全书的编写目录大纲，同时成立党委宣传部牵头，相关学院、部门参与的编撰工作小组。编撰工作由学校相关学院教师共同完成并得到多个部门大力配合，具体分工是：第一、四、八、九章（商船学院孙洋等），第二、三、五、六章（交通运输学院章强等），第七章（法学院彭宇、上海国际航运研究中心吴磊等），第十章（马克思主义学院苏月秋等）。

2024年6月，完成书稿第一稿的编写、汇总工作，召开编撰工作研讨会，提出修改意见和建议。2025年1月，编写组对问答条目进一步作了补充调整；2月，形成书稿第二稿；3月，召开编撰工作推进会，邀请杨权斌、宋光明、寿建敏三位资深专家进行全书统稿；5月，统稿组完成全书的统稿。上海浦江教育出版社社长于杰在统稿、审校方面做了大量工作。

国际海事教师联合会原主席、国际海事组织技术专家高德毅对全书内容进行了审核。徐悲鸿艺术学院王岩松、蒋旻昱等为本书提供插画配图。党委宣传部陈莉、姚旭、何航，以及马克思主义学院硕士研究生黎梦蝶在收集问题、梳理汇总、全书统稿、校对书稿等方面承担了繁重的具体工作。上海海事大学校友会协力征集相关图片。中国远洋海运集团有限公司、上海国际港务（集团）股份有限公司、山东省港口集团有限公司、山东港口日照港集团有限公司、中国船东互保协会、上海迈利船舶科技有限公司、上海航运交易所、招商局能源运输股份有限公司、上海中国航海博物馆、山东海运股份有限公司、上海海事局、上海打捞局、上海海事法院、上海仲裁委员会、中远海运科技有限公司等单位，以及中国引航协会原副秘书长陆悦铭先生为本书提供了精美的图片。

全球化时代给航运业带来蓬勃生机，航运新技术和新知识呈现爆炸式增长，对于书中疏漏之处，热忱希望专家、学者和广大读者批评指正。

本书编委会

2025年5月